Michela Marzano
Philosophie des Körpers

Michela Marzano

PHILOSOPHIE DES KÖRPERS

Aus dem Französischen von
Elisabeth Liebl

Diederichs

Die französische Originalausgabe erschien unter dem Titel
La philosophie du corps © Presses Universitaires de France

Die vorliegende Übersetzung wird im Rahmen des Förderprogramms
des französischen Außenministeriums, vertreten durch die Kulturabteilung
der französischen Botschaft in Berlin, gefördert.

Verlagsgruppe Random House FSC-DEU-0100
Das FSC®-zertifizierte Papier *EOS* für dieses Buch liefert
Salzer Papier, St. Pölten, Austria

© 2013 Diederichs Verlag, München,
in der Verlagsgruppe Random House GmbH
Umschlaggestaltung: Weiss | Werkstatt | München
unter Verwendung eines Motivs © Bill Brandt Archive
Druck und Bindung: CPI Moravia Books s.r.o.
Printed in Czech Republic
ISBN 978-3-424-35080-7

www.diederichs-verlag.de

INHALT

Einführung 7
I. Der zweideutige Status des menschlichen Körpers 8 | II. Der Mensch: ein inkarniertes Wesen 11

Der Dualismus und seine Etappen 15
I. Der Körper – Gefängnis der Seele 16 | II. Denken und Ausdehnung 18 | III. Einheit von Körper und Seele 21 | IV. Die Last des Körpers 23 | Kontrolle und Beherrschung 24 | Bild und Erscheinungsbild 26 | »Cyberspace« und »Fleisch« 29 | Blogs und Dating-Börsen 31 | V. Das Ich als Skulptur 33 | Der obsolete Körper 34 | Das lebendige Fleisch 36

Vom Monismus zur Phänomenologie 41
I. Der metaphysische Monismus Spinozas 41 | Der Körper – ein komplexes, gut organisiertes Instrument 42 | II. Der materialistische Reduktionismus: Von der Maschine Mensch zur neuronalen Funktion 45 | La Mettrie und die Maschine Mensch 45 | Gehirn und Geisteszustände 47 | III. Nietzsche und der befreite Körper 49 | IV. Die phänomenologische Revolution 50 | V. Sein und Haben 54 | Die Erfahrung der Krankheit 56 | Transplantationen und Identität 58 | Gesichtstransplantation 63

Der Körper zwischen Natur und Kultur 69
I. Das Angeborene und das Erworbene 71 | Kultur: Was dem Menschen erlaubt, sich über seine Natur zu erheben 71 | Der Reduktionismus im 1. und 2. Jahrhundert 73 | Identifikation eines Menschen durch seine DNS 76 | II. Die Fallstricke des Konstruktivismus 80 |

Der Körper als bloße Fiktion 82 | III. Der kleine Unterschied 85 | Genus und Sexus 86 | Das aufgezwungene Geschlecht 88 | Von den physiologischen Funktionen zur Ökonomie der Triebe 91

Verwerfung und Verdinglichung: die dunklen Seiten der Materie 95

I. Der Körper als das »Abjekte« 96 | II. Die Reduktion des Menschen auf seinen Körper 99 | Das Körperding 100 | Auslöschung der Identität 102 | III. Ein Körper ohne Seele 104 | Die Qual des Daseins 105 | Ein eisiger Blick 107 | Der zerstückelte Körper 110

Sexualität und Subjektivität: der Vollzug des Fleisches 113

I. Der Andere: das Objekt des Begehrens 116 | II. Das Spiel der Triebe 119 | III. Entfremdung und Achtung 122 | Männlichkeit und Weiblichkeit 123 | Identifikation und Autonomie 125

Schlusswort 129

Anmerkungen 131

Bibliografie 141

EINFÜHRUNG

Der Körper ist eines der konstitutiven und evidenten Elemente der menschlichen Existenz: In ihm wird jeder Einzelne von uns geboren, lebt und stirbt. In und durch den Körper schreiben wir uns der Welt ein und begegnen den anderen. Doch wie können wir über unsere fleischliche Existenz reden, ohne in einen reduktionistischen Gestus zu verfallen oder – andersherum – nur die »Körpertechniken« aufzuzählen? Wie können wir eine Philosophie des Körpers schaffen, die den Sinn und den Wert der Körperlichkeit aufzeigt?

Größtenteils haben die Philosophen es ja vorgezogen, über die Seele und ihre Leidenschaften nachzusinnen, den menschlichen Verstand zu erforschen oder die reine Vernunft zu kritisieren. Die Realität des Körpers, ja die Endlichkeit der menschlichen Existenz waren weniger gefragt. Und so nahm die Idee vom Körper verschiedene Färbungen an: der Körper als Gefängnis, als Maschine, als Materie ... Obwohl manche Denker durchaus versuchten, dieser Tendenz entgegenzuwirken. Spinoza zum Beispiel, der Körper und Seele als ein Einziges betrachtete. Oder Nietzsche, für den der Körper der Meister, die Vernunft aber nur dessen Instrument ist.

Die Phänomenologie leitete im 20. Jahrhundert eine echte Revolution ein, was das Nachdenken über den Körper angeht. Sie stellte der klassischen Sicht des Körpers als »Instrument« des Menschen ein intentionales Modell gegenüber, in dem der Körper zwar immer noch Instrument ist, das aber »seinerseits die anderen Instrumente einsetzt zu einem gewissen Zweck, den ich verfolge«.[1]

Trotzdem gibt es auch heute noch Positionen, die den Körper reduzieren auf das Bild der Last, von der man sich befreien kann, oder auf seine Funktion als komplexer Organismus, abhängig von diversen neuronalen und synaptischen Verschaltungen, die das Verhalten beziehungsweise die Entscheidungen des Menschen steuern.

I. Der zweideutige Status des menschlichen Körpers

Ein Problem, mit dem sich Philosophen konfrontiert sehen, die sich für den Körper interessieren, ist seine ambigue Existenz, die sich weder auf das Dasein eines einfachen Dinges beschränken lässt noch auf seinen Status als denkendes Bewusstsein. »Das Wort ›existieren‹«[2], schreibt Merleau-Ponty, »hat zweierlei Sinn, und zwar nur zweierlei Sinn: Existenz als Ding und Existenz als Bewusstsein. Dagegen enthüllt uns die Erfahrung des eigenen Leibes eine Weise des Existierens, die zweideutig ist.«

Denn tatsächlich ist der menschliche Körper zunächst ein »materielles Objekt« und als solches dem »Werden« und »Erscheinen« unterworfen. Daher ist er auf konzeptueller Ebene so schwer zu fassen, daher stößt er als Gegenstand philosophischen Interesses nicht selten auf Ablehnung. Doch ist er auch das, »was wir sind« und als solches Ausweis unserer Menschlichkeit und unserer Subjektivität. Ebendeshalb lohnt es sich, über ihn nachzudenken, wenn wir zu begreifen versuchen, wer oder was der Mensch ist. Wenn wir also davon ausgehen, dass der Körper ein »Objekt« ist, heißt das nicht notwendigerweise, dass er ein *Ding* wie andere Dinge ist, außer natürlich, wir ziehen die Möglichkeit in Betracht, dass wir uns seiner entledigen könnten. Aber kann man denn den Körper tatsächlich auf Distanz halten?

Die Erkenntnis der Unmöglichkeit der Distanzierung nimmt ein Denken vorweg, das den Körper als Subjekt sieht, wie dies in der postkantischen Philosophie der Fall ist. Allmählich setzt sich die Vorstellung durch, dass der Körper eben nicht nur Objekt ist. Denn das, was wir »Körper« nennen, ist nicht nur ein simples Ding, Gegenstand einer Betrachtung, einer Tat. Er ist vielmehr in die Betrachtung, in die Tat eingebunden. So rückt der Körper bei Merleau-Ponty ins Zentrum der philosophischen Betrachtung, wird zum Herzstück des »an sich« und »für sich« jedes Einzelnen: eine Spur in der Welt, ein »berührendes Berührtes«, »sehend und sichtbar«. Daher entwickelte sich die Frage nach dem Körper / Fleisch zu einer der wesentlichen Fragen im 20. Jahrhundert, wobei das Fleischliche die grundlegende Seinsweise der menschlichen Existenz darstellt.

Obwohl die klassischen Dualismen an Aktualität verloren haben, bleibt der Körper eine Wirklichkeit, die viele glauben sich buchstäblich vom Leib halten zu können – entweder durch die neuen Möglichkeiten der Technik oder durch die Allmacht eines körperlos gedachten Willens. Aus ebendieser Haltung gewinnt die Philosophie des Körpers ihre Bedeutung. Sie versucht, die gegenwärtige Realität zu entschlüsseln, sie fragt nach dem Sinn der leiblichen Existenz des Menschen. Und das ist keine leichte

Aufgabe, wenn man sich die Widersprüche ansieht, die der Mensch im Hinblick auf seine Körperlichkeit an den Tag legt. Einerseits scheint der Körper endlich in seiner Materialität akzeptiert zu sein, in seinem Leiden, seinen Bedürfnissen, auch seiner Schönheit, da er ja Gegenstand eines veritablen Kults ist. Andererseits wird er in den Dienst unserer kulturellen und sozialen Konstrukte gestellt.

Die Diskurse über den Körper scheinen in einer Sackgasse zu stecken: Einerseits betrachtet man ihn als Materie, die sich ganz nach – nie befriedigter – Lust und Laune formen lässt. Andererseits ist er es, der uns dem Schicksal, dem Tod unterwirft. Natürlich ist er weitgehend als fleischliches Substrat des Individuums, als Sitz unserer persönlichen Erfahrungen, anerkannt. Doch wird er auch – und das sehr viel häufiger – als Objekt der Repräsentation, der Manipulation, der Formung und der sozialen beziehungsweise medizinischen Technik gesehen. Die frühere Zweideutigkeit von *Körpersubjekt* und *Körperobjekt* wird neu interpretiert. Da stehen sich gegenüber: die *Körpertotalität*, die den Leib mit dem Subjekt, der Person, einfach gleichsetzt, und das Bild vom *Körper als Ansammlung von Organen*, denen ebenfalls nur Dingcharakter zugebilligt wird. Im ersten Fall wird die Persönlichkeit materialistisch auf das körperliche Sein verengt, im zweiten Fall verleitet die scheinbare Andersartigkeit des Körpers zur Gewissheit, einen Körper objekthaft zu besitzen, sodass der Mensch sich in körperlicher Hinsicht als das »Andere« erlebt. Wie aber können wir diese Paradoxa auflösen?

II. Der Mensch: ein inkarniertes Wesen

Natürlich ist der menschliche Körper ein Objekt. Wir können ihn von außen betrachten und so zu ihm »auf Distanz gehen«. Der Körper eines anderen: ein Körper unter vielen, der jedoch auf eine andere Präsenz zurückverweist, anders als die anderen materiellen Objekte. Ein Körper, der uns ein Bild liefert, eine Erscheinungsform, und der doch zur selben Zeit mitten ins Sein der Person hineinführt, die wir vor Augen haben. Und doch auch unser Körper: ein Körperbild, das wir im Spiegel betrachten können; ein Stückwerk-Körper, wenn wir den Blick nur auf die Hand richten oder auf den Fuß; ein bewegter Körper, wenn wir uns bewegen, ein leidender, sich freuender Körper, wenn wir leiden oder uns freuen. »Der Nacken ist ein Rätsel für das Auge«, schreibt Paul Valéry diesbezüglich. »Wie würde der Mensch ohne Spiegel sich sein Gesicht vorstellen? Und wie das Innere des eigenen Körpers sich vorstellen, wenn er keine Ahnung von Anatomie hätte? Kennt man sie aber, so entgeht uns das Heimliche des Arbeitens dieser Organe dennoch, soweit uns fehlt, was nötig wäre, um es zu sehen und zu begreifen. Nicht dieses entzieht sich; es weicht nicht vor uns zurück; wir sind es, die ihm nicht nahekommen können.«[3]

In Wirklichkeit verwischt der Alltag den Unterschied zwischen Subjekt und Objekt, denn der menschliche Körper ist zugleich Körpersubjekt und Körperobjekt, ein Körper, den man »hat«, und ein Körper, der man »ist«. Wie Simone Beauvoir einst schrieb: »Wie der Mann ist die Frau ihr Körper: aber ihr Körper ist etwas anderes als sie.«[4] Wir können nicht einfach unser Körper »sein«, weil das Individuum sich nicht auf seine

Materialität oder seine Organfunktionen reduzieren lässt. Aber wir können unseren Körper auch nicht einfach »haben«, wenn wir nicht davon ausgehen, dass das Subjekt dieses Habens eine Seele ist, die sich in diesem Körper aufhält wie ein Pilot in seinem Raumschiff. Jeder von uns ist zugleich ein physischer Körper, der im »Außen« lebt, und ein psychischer Körper, der zum »Inneren« dieses Wesens gehört.

Der Mensch ist ein inkarniertes Wesen. Ohne Körper würde er nicht existieren. Durch den Körper ist er an die Materialität dieser Welt gebunden. Daher ist die Erfahrung des Körpers immer eine zwiefache: Wir haben zu unserem Körper eine Beziehung, die sowohl instrumental als auch konstitutiv ist. Unsere Haut vermittelt uns die Lust des zärtlichen Berührtwerdens, aber auch den scharfen Biss des Feuers und der Kälte. Unser Körper feiert das Leben und seine zahllosen Möglichkeiten, aber er weist auch voraus auf unseren Tod und unsere Endlichkeit. Jeder Körperteil ist zugleich Teil von uns und äußeres Objekt, das wir betrachten können: »Man betrachtet die eigene Hand auf dem Tisch, und dabei stellt sich philosophische Verblüffung ein«, schreibt Paul Valéry. »Ich bin in dieser Hand und ich bin nicht darin. Sie ist ich und nicht ich. Und tatsächlich ist diese Eigenschaft des Körpers ein Widerspruch, und ebendiese Eigenschaft wäre in einer Theorie des Individuums fundamental, wenn man sie exakt auszudrücken verstünde.«[5]

Ebendieser widersprüchlichen Existenz wollen wir uns hier in diesem Buch widmen. Wir werden versuchen, uns der Frage von der historisch-philosophischen Seite zu nähern (und erforschen, wie der Körper in der Tradition der abendländischen Philosophie gesehen wurde), aber auch die Paradoxa ausloten, die der körperlichen Existenz jedes einzelnen Menschen innewohnen. Denn jeder von uns »hat« einen Körper, der ihm buchstäblich »am Herzen« liegt: Jeder Mensch kennt das Gefühl, ganz in seinem Körper zu sein, ohne darauf beschränkt zu sein. Außer natürlich, man schlägt den »Weg des Wahnsinns« ein, der darin besteht, sich ganz von seinem Körper abzutrennen. Oder den »Weg der Perversion«, auf dem es keinerlei Unterschied mehr gibt zwischen dem Ich und seinem Körper[6].

DER DUALISMUS UND
SEINE ETAPPEN

In der *Ilias* und der *Odyssee* sind die Figuren nicht von ihrem Körper zu trennen. Denn der Körper ist nicht nur Zeichen der Vergänglichkeit menschlicher Existenz, er ist auch das einzige Mittel, das die Heroen in den Rang der Götter aufsteigen lässt. Der Held Homers kann seinen Körper gleichsam »leuchten lassen«, ihn mit göttlichen Eigenschaften wie Kraft, Ausdauer und Schönheit (*Ilias*, Buch IV) ausstatten. Das Ich und sein Körper sind sich einig, draußen und drinnen, Oberfläche und Tiefe, Inneres und Äußeres überlagern sich ständig. Die Gefühle passen zu den Erscheinungsformen. Sinnliche Erfahrungen werden zur Manifestation moralischer Auffassungen. Emotionen drücken sich in plastischen Gesten aus. Daher gibt es im Universum Homers kein Wort, das den Körper als getrennt von der Seele beschreiben würde: Während die *psyche* der Atem ist, der den Körper am Leben hält, ist dieser Hort zahlloser Möglichkeiten, die sich durch seine Organe, seine Glieder ausdrücken, die Vitalfunktionen unterschiedlichster Natur erlauben, von der Fähigkeit der Bewegung bis zur Gabe des Denkens und zur Willenskraft.

Doch die philosophische Tradition lässt sich nicht vom Dichter inspirieren, wo es um den Körper geht. Sie besteht auf dem orphisch-religiösen Denken und entwickelt sich weiter in diese Richtung, vor allem im Denken des Pythagoras, das dem Menschen die Notwendigkeit aufzeigen will, der Relativität und Vergänglichkeit der Welt zu entkommen. Vor diesem Hintergrund ist der Körper nicht Ort der Begegnung und Überlagerung unterschiedlicher ontologischer Kategorien, sondern Sitz der Verdorbenheit und der Immanenz. Daher das Streben nach Reinheit und Askese, daher die Notwendigkeit, den Körper mit Regeln und Normen zu bändigen, damit der Mensch zu Tugend und Erkenntnis aufsteigen kann. Das Ziel der Philosophie ist von Anfang an die Reinigung: Der Mensch erlangt die Vollkommenheit erst dann, wenn er sich von seinen sinnlichen Wurzeln löst.

I. Der Körper – Gefängnis der Seele

Die Vergänglichkeit des Körpers und die Ungreifbarkeit des Denkens werden im Dualismus platonischer und cartesianischer Prägung, wo die Teilung zwischen Körper und Seele ihren Anfang nimmt, scharf gegeneinander abgegrenzt. Obwohl das Denken Platons und Descartes diesbezüglich keineswegs so monolithisch ist, wie es scheinen mag, setzt sich dank ihres Wirkens – vor allem durch den *Phaidon* und die *Betrachtungen über die Grundlagen der Philosophie* – eine Logik der Trennung durch, die die Immanenz von der Transzendenz, die Materie von den Gedanken, den Körper von der Seele scheidet.

Die Dualität von Seele und Körper scheint klar auf in der Definition, die Platon in seinem *Phaidon* Sokrates in den Mund legt: »Nun lasst uns aber sagen, ob wir wohl glauben, dass der Tod etwas sei. […] Und wohl etwas anderes als die Trennung der Seele von dem Leibe? Und dass das heiße tot sein, wenn abgesondert von der Seele der Leib für sich allein ist, und auch die Seele abgesondert von dem Leibe für sich allein ist. Oder sollte wohl der Tod etwas anderes sein als dieses?«[7] Seele und Körper sind also nicht nur substanziell verschieden und geschieden, sie können auch jeweils ohne das Andere existieren. Sie sind einander diametral entgegengesetzt, beinahe Gegenspieler. Ihr Antagonismus zeigt sich in zweifacher Weise, zum einen im Hinblick auf die Erkenntnis, zum anderen in Bezug auf das Handeln. Denn die Seele ist gleichzeitig Ursprung des Denkens und Ursprung der Willenskraft.

Wenn die Seele mit dem Leib versucht, etwas »zu betrachten«, schreibt Platon, »wird sie von diesem hintergangen.«[8] Wenn der Körper im Zentrum der menschlichen Sorge steht, dann wird der Mensch zum Sklaven der körperlichen Bedürfnisse[9]. Um also die wahren Ursachen für das Handeln des Menschen zu erkennen, schreibt Platon, müsse der Mensch sich von seinem Körper lossagen und sich dem zuwenden, was darübersteht: »Wird also nicht im Denken, wenn irgendwo, ihr etwas von dem Seienden offenbar? [...] Und sie denkt offenbar am besten, wenn nichts von diesem sie trübt, weder Gehör noch Gesicht noch Schmerz und Lust, sondern sie am meisten ganz für sich ist, den Leib gehen lässt und soweit irgend möglich ohne Gemeinschaft und Verkehr mit ihm dem Seienden nachgeht.«[10] Die Seele kann also dem Seienden nur nahekommen im Akt des Denkens, dann also, wenn sie sich von dem Körper und seinen Ansprüchen gelöst hat. Die Seele ist also nicht nur Ursprung des Lebens, sie ist auch Sitz der Vernunft und des reinen Denkens, was den Menschen vom Tier unterscheidet.

Obwohl der platonische Mensch im Körper gefangen ist[11],

ist er nichts weiter als ein Geschöpf, das von der Seele beherrscht wird[12]. Deshalb kann er auch erst nach seinem Tod wirklich Leben erlangen, wenn die Seele endlich frei ist, das Seiende zu betrachten, ohne von den Sinnen gestört zu werden[13]. In diesem Glaubensbekenntnis eines »wahren Philosophen«[14] ist der Körper der Hort der Neigungen und Krankheiten, der Illusionen und Leidenschaften. Die Philosophie aber wird zum Purgatorium der Seele, in dem der Philosoph sich der »Torheit des Leibes« entledigt, gleichsam den Tod »übt«.

Seele und Körper sind Antithesen. Wenn sie sich zusammentun, dann nur für kurze Zeit. Die Seele ist ein Element des Ewigen und Göttlichen, das der Schau der Ideen teilhaftig wird. Der Körper hingegen ist das materiellste Element der Persönlichkeit. Die Seele kann die Wahrheit erkennen, der Körper sie nur verhüllen. Die Seele kann Vollkommenheit erlangen, der Körper hingegen ist nicht mehr als ein Hindernis, sowohl im Hinblick auf die Erkenntnis als auch auf das moralische Handeln.[15]

II. Denken und Ausdehnung

Betrachtet man Descartes' Position, so lässt sich leicht ein Zusammenhang finden zwischen der platonischen Flucht vor der Wirklichkeit des Körpers und der Descartes'schen Notwendigkeit, sich der durch die trügerischen Sinne vermittelten Eindrücke zu entziehen. In der *Zweiten Betrachtung* ist es die Abtrennung vom Körper, welche die Täuschung durch das sinnlich Erfahrbare auflöst. Sie gipfelt in der Gewissheit des *cogito*, in dem das Subjekt sich auf sich selbst bezieht. Der Geist, der sich selbst erkennt, ist nicht nur wesensmäßig leichter zu erfassen als der Körper, letztlich ist auch nur er zur Erkenntnis fähig. Aus diesem Grund geht Descartes in der *Dritten Betrachtung* zum reinen Denken über und nimmt damit die platonische Idee von der Askese wieder auf. So schnell als möglich will er sich seiner Augen, seiner Ohren, ja des ganzen Körpers entledigen, denn der Körper stört die Seele bei ihrem Aufstieg zur Wahrheit: »Nun will ich meine Augen verschließen, meine Ohren verstopfen, alle meine Sinne will ich abwenden, sogar die Bilder von körperlichen Gegenständen will ich alle aus meinem Denken vertilgen oder, da dies doch kaum möglich sein dürfte, will ich sie wenigstens als leere Trugbilder für nichts achten. Zu mir allein will ich reden und in mein Innerstes blicken, und mich so allmählich mit mir selbst bekannter und vertrauter zu machen suchen. Ich bin ein Wesen, welches denkt.«[16]

Für Descartes gehören Wahrheit und Seele zur selben Kategorie, nur die Seele besitzt die Fähigkeit zu denken. Seele und Körper sind substanziell verschieden. Die grundlegende Eigenschaft der Seele ist das Denken, die des Körpers hingegen die Ausdehnung[17]. Eines ist sehr wohl ohne das andere denkbar. Nur der Seele allerdings wird das Privileg zuteil, der menschlichen Existenz Sinn und Wert zu verleihen. Der Körper hingegen wird auf die Materialität der Ausdehnung reduziert. Er lässt sich mit den Augen erfassen, doch er spricht nur, wenn das Urteilsvermögen ihn analysiert. Zumindest beschreibt Descartes dies so in *Von der Methode*: »So dass die Seele, durch die ich das bin, was ich bin, völlig verschieden ist vom Körper, ja dass sie sogar leichter zu erkennen ist als er, und dass sie, selbst wenn er nicht wäre, doch nicht aufhörte, alles das zu sein, was sie ist.«[18] Bei Descartes wird aus der Einheit von Körper und Seele die Dualität von Denken und »Ausgedehntem«, eine Dualität, die sozusagen das Grundgesetz des Seins ist. Beides ist von verschiedener Substanz. Das eine ist vom anderen wesensmäßig verschieden.

Indem er die *res extensa* (das »Ausgedehnte«, das Materielle, Physische) von der *res cogitans* (das Denkende, das Selbst, das *cogito*) unterscheidet, nimmt er den Dualismus Platons wieder auf und überwindet das Denken des Aristoteles und der Scholastiker. Letztere vertraten im Mittelalter einen Hylemorphismus, demzufolge erst die Seele aus dem Körper ein lebendes Wesen macht.[19] Für Aristoteles ist jeder Mensch eine Einheit von Körper (Materie) und Seele (Form), auch wenn die Seele immer das Grundprinzip ist: Die Seele ist der Akt des Körpers, der allein das Potenzial zu leben hat. Die Psyche ist es, die die wesentliche Struktur der körperlichen Substanz bestimmt. Doch die Einheit von Körper und Seele wird als harmonische Symbiose gesehen. Vor diesem Hintergrund ist die Einteilung in den Körper und das, was ihn übersteigt, nicht – wie bei Plato – die Trennung zwischen einem irdischen, sterblichen Leib und einer unsterblichen Seele, die in diesem haust. Vielmehr geht es hier um das Sein in der Potenzialität, das nur im physischen, lebendigen Körper erweckt werden kann, und dem Sein in der Entelechie, denn die »Form« des materiellen Körpers ist nichts anderes als die Seele selbst.

III. Einheit von Körper und Seele

Schon in seinen frühen Schriften beschreibt Descartes die verschiedenen Körperfunktionen, indem er den Körper mit einer Maschine vergleicht. Anders als bei Aristoteles entspringen die verschiedenen körperlichen Funktionen (Verdauung, Beweglichkeit, Atmung, aber auch Gedächtnis und Vorstellungsvermögen) seiner Ansicht nach einem Mechanismus, den Gott so automatisch wie möglich gestalten wollte. »Ich wünsche, dass man schließlich aufmerksam beachte, dass alle Funktionen, die ich dieser Maschine zugeschrieben habe, z. B. die Verdauung der Nahrung, das Schlagen des Herzens und der Arterien, die Ernährung und das Wachstum der Glieder [...], alle von Natur aus allein aus der Disposition ihrer Organe hervorgehen, nicht mehr und nicht weniger als die Bewegungen einer Uhr oder eines anderen Automaten von der Anordnung ihrer Gewichte und ihrer Räder abhängen.«[20] Auf diesem Bild, welches das abendländische Denken so stark beeinflusste, fußt nicht nur die metaphysische Unterscheidung zwischen Seele und Körper, sondern auch die Vorstellung von ihrer Verbindung im Menschen.

Wie können Körper und Seele, die substanziell voneinander verschieden sind, so eng miteinander verbunden sein, dass sie interagieren und aufeinander einwirken können? 1643 spricht Descartes in einem Brief an die pfälzische Prinzessin Elisabeth von der Schwierigkeit, sich diese Verbindung vorzustellen: »Um die Einheit von Körper und Seele zu beschreiben, müssen wir uns an die Tatsachen des Lebens und das allgemeine Wissen halten und uns aller Dinge enthalten, die unsere Fantasie zu sehr anregen mögen.« (Brief an Elisabeth vom 28. Juni 1643.) In einem Brief an Antoine Arnauld kommt er Jahre später auf das Problem zurück: »Es gibt leider keinen wie auch immer gearteten Vergleich oder Gedankengang, der uns helfen könnte zu begreifen, wie der unkörperliche Geist den Körper zu bewegen vermag. Doch wir können immerhin Vermutungen anstellen, da diese Erfahrung sich ja Tag für Tag in all ihrer Evidenz einstellt. Doch gilt es Vorsicht walten zu lassen: Dies ist sicher eines der Dinge, das wir aus sich selbst heraus erklären müssen, weil wir es, immer wenn wir es durch andere Dinge erklären wollen, eher verhüllen als offenlegen.« (Brief an Arnauld vom 29. Juli 1648.) Erst im darauffolgenden Jahr (1649) wird er eine Lösung für das Problem vorschlagen, bei der er auf seine Kenntnisse der Anatomie zurückgreift. Der menschliche Organismus wird zu jener Zeit seziert, analysiert und studiert. Im Lichte der Erkenntnisse William Harveys, der die Funktion des Blutkreislaufs erkennt[21], wird aus dem Körper ein komplexes System von Flüssigkeiten, die im Rhythmus des Herzens durch den Leib gepumpt werden, die Zucker und andere Nährstoffe transportieren und auf die Muskeln einwirken. Descartes selbst konnte am Seziertisch feststellen, dass manche Nerven (vor allem der Augennerv) direkt mit dem Gehirn verbunden sind. Daher entwickelte er die Idee, die Seele sei weniger mit der Materie des Körpers verbunden als mit seiner Funktion. »Aber um diese Angelegenheit vollständiger zu verstehen, muss man wissen, dass die Seele tatsächlich mit dem ganzen Körper verbunden ist […] weil dieser eins ist, und in gewisser Weise unteilbar, und zwar aufgrund der Anordnung seiner Organe, die sich so eines auf das andere beziehen, dass der Körper defekt ist, wenn eines von ihnen wegfällt.«[22] Die Seele ist also mit der Gesamtheit des Körpers verbunden, weil der Körper unteilbar ist und die Seele immateriell. Es gibt also zahllose Verbindungen, die von den Kanälen, die den Körper durchziehen, hergestellt werden. Doch es gibt auch einen Ort im Körper, an dem ganz speziell die Seele wirkt: die Zirbeldrüse. »[…] eine gewisse sehr kleine Drüse, die inmitten der Hirnsubstanz liegt und so oberhalb des Wegs, den die Lebensgeister von dessen vorderen Kammern zu den hinteren nehmen.«[23]

Diese Drüse scheint das Geheimnis der Verbindung zwischen Körper und Seele zu bergen. Doch letztlich verlagert sich das Problem dadurch nur. Denn wenn die Drüse ein Teil des Körpers ist, wie kann dann die immaterielle Seele auf sie einwirken?

IV. Die Last des Körpers

Trotz der Schwierigkeiten und Probleme, die er mit sich bringt, trotz aller Versuche, den Menschen als unteilbare Einheit aus Körper und Geist zu betrachten, wurde der Dualismus nie vollkommen ausgerottet und ist auch heute noch verführerisch wie eh und je. Heute wird der vergängliche Körper nur noch selten der »ewigen« Seele gegenübergestellt, doch die Tendenz, sich vom Körper und seiner Materialität zu *entfernen*, wirkt immer noch nach. An die Stelle der Seele rückt nun die »Willenskraft«. Und wieder ist der Körper das, was den Menschen in seine Grenzen verweist, ihm seine Schwächen aufzeigt. Er bleibt unabweisbar das Signum der Verankerung des Menschen im Leiblichen. Der Körper bindet jedes Individuum an die Wirklichkeit und zwingt es, sich ihren Gesetzen zu beugen.

Auch in der Moderne bleibt die Vorstellung, der Körper sei eine Last, der man sich entledigen müsste, um endlich frei zu sein, lebendig. Anders als früher aber wird der Körper nicht mehr im Namen der Wahrheit oder der Tugend unterworfen, sondern im Namen der Macht und der Freiheit. In der Idee, in einer Welt zu leben, in der es keinen Körper mehr gibt, scheint der Traum auf, endlich der Zwänge des Leibes ledig zu werden, sich seinen Schwächen nicht mehr beugen zu müssen, die Vergänglichkeit zu überwinden. Der Traum, sich von den Zwängen des Körpers zu befreien, entspringt dem Hirngespinst der Allmacht des Willens.

Kontrolle und Beherrschung

Heute scheint der Körper nur dann akzeptabel, wenn er vollkommen beherrscht wird. Von der Werbung bis zu den Videoclips in Fernsehen und Internet werden wir zunehmend mit Repräsentationen des Körpers konfrontiert, die in der ein oder anderen Weise »Kontrolle« voraussetzen: Einen vollkommen beherrschten Körper zur Schau zu stellen wird zum Ausweis der Fähigkeit eines Individuums, Kontrolle über sein Leben auszuüben. Daher müssen Männer wie Frauen sich heute vor den Zeichen des Alterns »schützen«. Sie müssen ihr Erscheinungsbild durch Diäten, Sport und Schönheitschirurgie »bearbeiten«. Jeder Mensch, »der es sich wert ist«, muss sich seines Körpers annehmen, indem er ihn vor den gefährlichsten Bedrohungen schützt: dem Verfall des Fleisches, der entschwindenden Jugend, der Asymmetrie der Figur. Das semantische Feld, das hierbei von der Werbung abgegrast wird, ist recht aufschlussreich, da es stets reduktiv ist: So heißt es beispielsweise, dass ein Produkt »schlank macht, wo Sie wollen und wann Sie wollen«. Dass es »die Fettverbrennung steigert, damit Sie schlank und rank bleiben«. Immer wieder lesen wir von Make-up, das um Jahre jünger macht. Von Tagescremes, die »den strahlenden Teint der Jugend« erhalten. Um Produkte, die »in zehn Minuten zehn Jahre« wegmogeln.

Dort, wo der schlanke, wohlgeformte, junge Körper als Sinnbild des Begehrenswerten gilt, wird die Veränderung des Körpers in entsprechenden Filmen zur Metapher für den Horror. Zum Beispiel in Cronenbergs *Die Fliege*, wo aus dem Fleisch des Opfers ein neues, unkontrollierbares Ich entsteht. Oder in der Reihe der Alien-Filme, wo der Horror als außerirdischer Parasit auftritt, der aus dem Brustkorb seines Wirtes herausbricht.

Das Bild des Körpers verführt oder schockiert, lockt oder stößt ab. Und so erhalten Schönheitsoperationen, Diäten und Sport einen ganz neuen Stellenwert, da sie dem Menschen erlauben, das »Gewicht«, die Last des Körpers abzuwerfen und sein Leben in die Hand zu nehmen. Indem wir schlank sind oder auf andere Weise unsere Körperformen bestimmen, zeigen wir, dass wir uns »im Griff« haben. Und so ist der »gestylte« Körper nicht nur Schönheitssymbol, sondern auch die Quintessenz des sozialen Erfolgs, des Glücks und der Perfektion, die man erreicht hat. Schönheit ist längst nicht mehr nur ein Wert an sich, wir ordnen ihr auch Eigenschaften zu, die nicht mehr ausschließlich körperlich sind, wie Charme, Kompetenz, Energie und Selbstbeherrschung[24].

Die Rhetorik der Selbstverbesserung ist gut eingeschliffen. Jedes Individuum muss frei sein, das Leben zu führen, das ihm gefällt. Jeder muss »er selbst sein« können. Doch dazu genügt es nicht, einfach nur zu »sein«. Schönheit und Schlankheit wollen hart erarbeitet sein. Der Körper muss kontrolliert werden. Im Namen der Freiheit wird er stets neuen Normen unterworfen: Bevor er das sein kann, wodurch sich ein Individuum in dieser Welt verankert und seinem Streben Ausdruck verleiht, ist er das, was den Gesetzen des *savoir vivre* gehorcht: Er muss schön, schlank, gesund, begehrenswert, sexy sein. Hinter der angeblichen Freiheit, durch Domestizierung des Körpers sein eigenes Leben leben zu können, versteckt sich eine Diktatur der Präferenzen, Leidenschaften und Emotionen: »Die Rhetorik der freien Wahl und der Selbstverwirklichung verhüllt die Wirklichkeit ebenso geschickt wie Schönheitschirurgie und die Mode. Sie verwischt die Logik von Privilegien, Zeit und Geld, die viele Menschen schlicht daran hindern, sich dieser Techniken zu bedienen. Vor allem aber überdeckt sie die Verzweiflung jener, die sich an die Vorbilder halten und sich deren Techniken unterwerfen.«[25]

Bild und Erscheinungsbild
Wir zeigen uns in unserer körperlichen Erscheinung. Wir arbeiten an unserem Erscheinungsbild. Wir versuchen, es nach Belieben zu verändern und den Erwartungen aller möglichen Leute zu entsprechen, den kulturellen Normen und sozialen Regelwerken. So weit, bis unser Sein dem Schein gewichen ist.

In einer Bilderwelt spiegelt das Körperbild eher die Erwartungen unserer Umwelt wider als unser Selbstbild: Es ist nicht mehr das dreidimensionale Bild, das wir von uns haben und das wir uns Schritt für Schritt aneignen. Vielmehr wird es zur Repräsentation des Scheins. Der Körper selbst scheint zum Bild zu verkommen. Und so entsteht eine neue Form des Dualismus von Materie und Willen, ein Dualismus, in dem der Mensch einmal mehr seinem Körper fremd gegenübersteht. Dies geht so weit, dass der Körper, wenn er unseren Erwartungen entspricht, zum verhätschelten Partner wird, tut er dies aber nicht, behandeln wir ihn als Gegner, den es zu bekämpfen gilt.

Der Körper wird akzeptiert in dem Maße, in dem er sich kontrollieren und beherrschen lässt, in dem Maße, in dem er uns von den »Exzessen« seiner Materialität verschont. Als Objekt der äußeren Welt stört er uns, wenn er nicht funktioniert, wie wir uns das vorstellen, wenn er versagt, wenn er uns mit seinen Bedürfnissen konfrontiert: Hunger, Durst, zu kalt, zu warm ... Der Traum, sich eines Tages von dieser Materialität befreien zu können, hindert uns, frei zu sein. Das erklärt den unglaublichen Erfolg der virtuellen Welt, der Cyberkultur, in der wir einen Cyberkörper besitzen, der in der kollektiven Vorstellungswelt ein Körper ohne jede materielle Begrenzung ist. Und am Ende steht die Faszination für ultra-permissive Gedankenwelten, in denen alles möglich ist, in der jeder die Möglichkeit hat, seinen Körper wie ein Stück Besitz zu behandeln, mit dem man nach Belieben verfährt.

Der Körper wird also zum Bild. Doch das Bild, das wir von ihm haben wollen, entspricht nicht dem, das uns der Spiegel zeigt und das uns zwingt, unsere Wirklichkeit und unsere Unvollkommenheit zu akzeptieren. Es ist nicht mehr das Spiegelbild eines Individuums, das sich sehen will und danach sagen kann: »Das ist mein Körper.« Es ist ein überarbeitetes Bild, das unseren Körper auf Distanz hält. Wie in den Märchen der Gebrüder Grimm, wo die böse Stiefmutter Schneewittchens den Spiegel befragt: »Spieglein, Spieglein an der Wand, wer ist die Schönste im ganzen Land?« Und der Spiegel antwortet: »Oh Königin, Ihr seid die Schönste hier, doch Schneewittchen über den Bergen bei den sieben Zwergen ist noch tausendmal schöner als Ihr.« Die Antwort ist ebenso eindeutig wie das Bild im Spiegel. Die Königin sucht Bestätigung in ihrem Spiegelbild, doch der Spiegel erschüttert ihre Selbstsicherheit, denn er lügt nicht. Der Spiegel wirft ihr Spiegelbild zurück, und dieses ist unhintergehbar.

Der Spiegel erlaubt dem Kind, zum ersten Mal ein vollständiges Bild von sich selbst zu gewinnen. Obwohl er rechts und links vertauscht, gibt er uns ein klares Bild davon, wie andere uns wahrnehmen. Aus diesem Grund überrascht er uns oft. Manchmal zu unserem Vorteil wie in *Das hässliche Entlein* von Hans Christian Andersen: »›Tötet mich nur!‹, sagte das arme Tier und neigte seinen Kopf der Wasserfläche zu und erwartete den Tod. Aber was erblickte es in dem klaren Wasser? Es sah sein eigenes Bild unter sich, das kein plumper, schwarzgrauer Vogel mehr war, hässlich und garstig, sondern selbst ein Schwan.«[26] Manchmal auch zum Nachteil wie in der Erzählung von Oscar Wilde, *Der Geburtstag der Infantin*: Die Infantin von Spanien feiert ihren zwölften Geburtstag. Der König erlaubt ihr, mit ihren Freunden zu feiern, und gibt für sie eine schöne Vorstellung mit Gauklern aus aller Welt. Alle Welt amüsiert sich, vor allem über den tanzenden Zwerg. Am Ende des Tanzes schenkt die Infantin dem Zwerg die weiße Rose aus ihrem Haar. Bevor sie mit ihren Freunden davongeht, befiehlt sie ihm, noch einmal für sie zu tanzen. Der Zwerg irrt daraufhin durch das Schloss, weil er sie sucht. Plötzlich entdeckt er in einem Raum einen Spiegel, aus dem ihm die Gestalt eines Ungeheuers entgegenblickt. Erschrocken wendet er sich ab. Dann bemerkt er, dass das Ungeheuer sich ganz genauso bewegt wie er selbst. Er erkennt, dass er das Ungeheuer ist. Er ist hässlich und verunstaltet. Der Spiegel zeigt ihm ebendas. Doch der Zwerg erträgt diese Gewissheit nicht. Sein Herz bricht.

»Cyberspace« und »Fleisch«

»Das ist geil! Ich würde nichts lieber tun, als mein Fleisch zu vergessen und hier zu leben. Ich wäre so glücklich, wenn ich nur reines Bewusstsein wäre!« Das sind die ersten Worte von *Mouse*, dem Helden einer amerikanischen Graphic Novel[27], der in der virtuellen Welt des Cyberspace landet und endlich die Chance sieht, das Gewicht seines Körpers loszuwerden. Denn der Körper, das »Fleisch«, wird von den Fans der virtuellen Wirklichkeit als Bürde erachtet, die stört und das Bewusstsein daran hindert, sich von den raumzeitlichen Beschränkungen zu befreien.

Der Begriff »Cyberspace« stammt von einem amerikanischen Science-Fiction-Autor namens William Gibson. Er veröffentlichte 1984 den ersten Teil der *Neuromancer*-Trilogie, der schon ein Jahr später in Frankreich und 1987 in Deutschland erschien[28]. Der Roman hatte sofort einen unglaublichen Erfolg, und zwar nicht nur beim Publikum, sondern auch in der wissenschaftlichen Welt. Der Cyberspace ist für Gibson ein immaterieller Ort, an dem der Körper keinen Platz mehr hat: Um im Cyberspace zu leben – und unser Gehirn sowie unseren Geist hineinzuversetzen –, genügt ein »Ersatzkörper«, der uns repräsentiert und sich unendlich vervielfältigen lässt. Das sind die berühmten »Avatare«, unsere virtuellen Doubles, die wir ganz nach Lust und Laune beziehungsweise nach unserem »Profil« agieren lassen können. Doch ebendieser Roman übte auch an den Universitäten großen Einfluss aus. Es gab zahlreiche Kurse und Seminare über den Cyberspace, so als stelle er nicht eine imaginäre, sondern eine durchaus mögliche Welt dar. Ein »Schlüsselbuch« in dieser Hinsicht ist zweifellos die Aufsatzsammlung *Cyberspace – First Steps*, in der Wissenschaftler mehrerer Disziplinen sich mit dem Thema auseinandersetzen oder Gibsons Roman analysieren[29].

Wie lässt sich der Erfolg einer Welt ohne Körper erklären? Der Cyberspace ist den Gesetzen der wirklichen Welt nicht unterworfen. In ihm müssen wir uns nicht mit der Unumkehrbarkeit der Zeit auseinandersetzen. Er zwingt uns nicht in die drei Dimensionen des Raumes (Länge, Breite, Tiefe). Alles ist möglich, nichts hat unumstößliche Konsequenzen. Die Materialität des Körpers ist ausgelöscht. Nur deshalb sind den Avataren keine Grenzen auferlegt, was eventuelle Verwandlungen oder mögliche Handlungen angeht[30]. Avatare sind wie Masken, hinter denen das Individuum sich verstecken kann. Im Schutz der Anonymität kann es mit seinem virtuellen Double agieren, sich anderen nähern, sie verfolgen ... Das Netz multipliziert Kontakte in jeglicher Form: in Foren, Blogs, Chatrooms, wo

Wunsch- und Trugbildern Tür und Tor geöffnet sind. Man begegnet anderen virtuell als »Anderer«. Daraus erklärt sich auch der Erfolg der Dating-Webseiten, wo man seiner Fantasie zunächst einmal freien Lauf lassen kann, sich frei erfinden kann, ohne an die Grenzen der Wirklichkeit und des Körpers zu stoßen. Das gilt natürlich auch für Video- und Rollenspiele im Internet, wo man sich – einmal mehr – für einen »Charakter« beziehungsweise eine Figur entscheidet, die einen anspricht. Im Spiel nimmt man die Identität seines »Charakters« an und verfügt damit über dessen besondere Kräfte. Mit diesen bekämpft man seine Feinde, schmiedet Bündnisse und erobert sich so eine »eigene« Geschichte. Wird man geschlagen oder vernichtet, hat man die Möglichkeit, von vorne anzufangen. So lernt man, ohne für die Konsequenzen des eigenen »Scheiterns« zu »bezahlen«. Vom vorherigen Kampf bleibt nichts zurück. Keine Verletzung ist je definitiv. Man lässt alles entstehen, um es wieder aufzulösen. Bis man vergisst, dass die Dinge in der Wirklichkeit nicht so laufen, dass die Spuren, die unser Handeln zurücklässt, sich mitunter in den Körper eingraben – in den eigenen und den anderer Menschen.

Blogs und Dating-Börsen

Ein besonders interessantes Phänomen in dieser Welt ohne Körper ist die Dating-Börse[31]. Man sucht einen Partner, man spricht, diskutiert, tauscht sich aus. Der Chat wird immer mehr zur Lebenstatsache unserer gesellschaftlichen Wirklichkeit. Millionen Menschen schlagen diesen Weg ein, um sich mit anderen »auszutauschen«. Dies umso mehr, als die Foren eine mitunter außergewöhnlich zweideutige Form des Kontakts ermöglichen. Wo Anonymität Pflicht (man äußert sich nur unter Pseudonym) und der Körper abwesend ist, kommt es teils zu sehr intimen »Gesprächen«. Diese Beziehungen sind ebenso dicht wie flüchtig. Man spielt mit sich selbst und mit dem Anderen: Man strickt an seiner virtuellen Persönlichkeit und versucht gleichzeitig, die des Anderen zu enthüllen. Man provoziert, macht Andeutungen, Angebote. Nicht selten wird man so zum Gefangenen hinter dem Bildschirm und lässt alles andere außen vor – Rendezvous, Hunger, Schlaf. Viele Chatter berichten begeistert von diesem frenetischen Crescendo, das sie antreibt, in dem sie mit wenigen Worten die Realität wegretuschieren.

Hinter dem Bildschirm verbunkert ist man vor allen echten Begegnungen sicher. Wirkliche Kontakte mit all ihren Gerüchen, Gesten, Gesichtern und lächelnden Lippen werden ausradiert ... Wenn es dann endlich mal zu einem Treffen kommt, lässt es die Betreffenden häufig tief enttäuscht zurück. Die Erwartungen entsprechen in den seltensten Fällen der realen physischen Präsenz des Anderen. Denn bei dem Treffen in der wirklichen Welt wird aus dem »Profil« eine Person aus Fleisch und Blut: Ihre Stimme hat einen bestimmten Klang. Sie begleitet ihre Worte mit bestimmten Gesten. Während sie ihren Gedanken Ausdruck verleiht, spricht auch ihr Körper. Sofort entspinnt sich ein klares Missverhältnis zwischen der Szene, die man mehr oder weniger detailgetreu in seinem Kopf entworfen hat, und der Wirklichkeit. Ein Missverhältnis, das dann belanglos wird, wenn die Wirklichkeit uns tatsächlich einmal positiv überraschen sollte. Häufig aber scheitern die Internet-Dater.

Denn die meisten sind nicht bereit zu akzeptieren, was die Realität ihnen zugedacht hat. Man hat sich den Anderen aufgrund der eigenen Fantasien, Träume und Projektionen zurechtgebastelt und ist nun nicht mehr fähig, dem realen Anderen einen wirklichen Platz einzuräumen.

Offen für Überraschungen zu sein, für das Andere, Unerwartete, sich nicht hinter einer virtuellen Realität verstecken, eine echte Begegnung mit dem Anderen zu erleben ist nicht leicht. Und wird immer schwieriger, je länger man sich hinter seiner Bildschirmmaske versteckt. Jede echte Begegnung setzt eine Präsenz voraus, ein Gegenüber, einen Menschen aus Fleisch und Blut. Mag der Körper uns auch gelegentlich stören – vor allem, wenn er uns seine Mängel und Bedürfnisse aufzwingt –, so ist er doch unsere einzige Möglichkeit, in dieser Welt zu leben und anderen Menschen zu begegnen. Ohne einen Körper bliebe die Welt für uns unnahbar und fern. Wir könnten nicht darin leben, hätten wir keinen Körper, um sie zu schmecken, zu fühlen, zu betrachten ...

V. Das Ich als Skulptur

Diverse Strömungen der zeitgenössischen Kunst gehen auf Distanz zur traditionellen bildlichen Darstellung – von der Inszenierung des eigenen Körpers als *sculpture de soi* bis hin zu seiner Bearbeitung als Kunstwerk. Besonders augenfällig ist hier das Beispiel der französischen Bio-Künstlerin Orlan, für die der Körper nicht nur Träger jeder künstlerischen Handlung ist, sondern auch Ort der Wandlung und Veränderung. Wie sie in ihrem

Manifest erklärt, ist ihre *Carnal Art* »ein Selbstporträt im klassischen Sinne, doch mit den Mitteln moderner Technik. Sie oszilliert zwischen Verunstaltung und Wiederherstellung. Sie schreibt sich ins Fleisch ein, da unsere Epoche zum ersten Mal die Mittel dafür zur Verfügung stellt. Der Körper wird zum veränderbaren Readymade, da er nicht mehr das ideale Readymade ist, das es nur noch zu signieren gilt.«[32] Die französische Künstlerin ist auf der Suche nach einem Körper, der ihr erlaubt, die Distanz zwischen Sein und Schein zu überwinden. Das Selbstporträt, das sie zu realisieren sucht, ist also keine Autorepräsentation, sondern eine Automodifikation, Dekonstruktion und Rekonstruktion ihres Körpers.

Der obsolete Körper

Was Orlan zu schaffen sucht, ist ein Körper, der seine neue Identität ausdrücken kann, der nicht mehr von den »Entscheidungen der Natur« abhängt oder von denen des »Zufalls«: »Gesichter, die durch Unfälle zerstört wurden, werden wiederhergestellt. Zahllose Menschen leben mit fremden Organen. [...] Doch obwohl wir nicht zögern, ein abgenütztes Schulter- oder Hüftgelenk durch ein Stück Plastik zu ersetzen, sind wir doch davon überzeugt, dass wir uns den Entscheidungen der Natur beugen müssen, dieser Lotterie wahllos verteilter Gene.«[33] Orlan verfolgt also ihre künstlerischen Ziele in einem klaren theoretischen Rahmen: Der Zufall hat nicht das Recht anstelle des Individuums über dessen Sein zu entscheiden. Der Körper, den die Natur uns gibt, ist obsolet – eine Idee, die sie im Übrigen mit anderen Künstlern, namentlich Sterlac, teilt[34]. Daher der unbedingte Wille, durch das eigene Körper-Werk zu zeigen, dass jeder das Recht hat, seinen Körper zu modifizieren und der Welt unter der von ihm gewählten Identität zu begegnen. Aus diesem Grund unterzieht Orlan sich von 1990 bis 1993 einer Reihe von Schönheitsoperationen. Ihre Performances fasst sie unter dem Titel *La ré-incarnation de sainte Orlan* (Die Wieder-Fleischwerdung der heiligen Orlan) zusammen. Ihr Ziel dabei ist es, das »äußere Bild dem inneren anzugleichen«, ihre vormalige »Erscheinung« zu annullieren und das »gewählte Erscheinungsbild« aus sich herauszukristallisieren, damit es auch für die Umwelt sichtbar wird.

Für Orlan ist der Körper nichts weiter als eine Oberfläche, die sie öffnen will, damit auch andere den Blick ins Innenleben tun können. Die Haut ist nur ein Hindernis, das es aufzureißen gilt, um anderen Menschen den Zugang zu dem zu erlauben, das normalerweise nicht zu sehen ist. Eine ihrer Inspirationsquellen ist die Psychoanalytikerin Eugénie Lemoine-Luccioni, die in ihrem Essay *La robe* ausführt: »Die Haut ist trügerisch [...] Ich habe die Haut eines Engels, obwohl ich ein Miststück bin, eine Krokodilshaut, obwohl ich ein Schoßhündchen bin, die Haut eines Schwarzen, obwohl ich weiß bin, eine Mädchenhaut, obwohl ich ein Mann bin; ich habe nie die Haut dessen, der ich wirklich bin. Es gibt keine Ausnahme von der Regel, denn ich bin nie, was ich habe.«[35] Doch wenn man die Worte der Psychoanalytikerin genau nimmt, dann verwischt Orlan die Beziehungen zwischen *sein*, *scheinen* und *haben* vollkommen. Dabei verliert sie aus den Augen, dass der Konflikt zwischen äußerer Erscheinung und innersten Gefühlen Teil der Ambivalenz des menschlichen Seins ist. Den Körper als »Kleid« zu betrachten, das man nach Belieben wechselt, heißt, sich der Tatsache zu entziehen, dass die Haut eben nicht nur ein Kleidungsstück ist, sondern äußerste Grenze zwischen »ich« und »du«, zwischen »mein« und »nicht mein«. Den »Behälter«, der ein »Einschließen« ermöglicht, der jedes Individuum vor dem Eindringen der Außenwelt ebenso schützt wie davor, sein Innenleben im Außen zu verlieren[36].

Das lebendige Fleisch

Jacques Lacan geht in seinem Kommentar zu Freud und dessen Theorie vom Ich von einem Traum aus, in dem der Vater der Psychoanalyse eine Patientin mit offenem Mund sieht. Er assoziiert das Bild vom offenen Mund mit der Angst vor dem weiblichen Genitalorgan und schreibt: »Es gibt da eine schreckliche Entdeckung, die des Fleisches, das man niemals sieht, den Grund der Dinge, die Kehrseite des Gesichts, des Antlitzes, die Sekreta par excellence, das Fleisch, aus dem alles hervorgeht, aus der tiefsten Tiefe selbst des Geheimnisses, das Fleisch, insofern es leidend ist, insofern es unförmig ist, insofern seine Form durch sich selbst etwas ist, das Angst hervorruft. Vision der Angst, Identifikation der Angst, letzte Offenbarung des *Du bist dies – Du bist dies, was am weitesten entfernt ist von dir, dies, welches das Unförmigste ist.*«[37] Indem sie ihren Körper öffnet und sein Inneres der Öffentlichkeit präsentiert, scheint Orlan den umgekehrten Weg der Psychoanalyse gehen zu wollen: In ihrer totalen Vision will sie die Angst ein für alle Mal ausradieren. Sie verweigert sich dem Geheimnis des Fleisches und verneint so die Existenz einer unbekannten Bedeutungsebene der Dinge.

Sie bringt das Innere des Körpers auf die Bühne, um die Allmacht der Erkenntnis gegen die Unsicherheit des Zweifels einzutauschen: »Was die Bilder von meinen Operationen angeht, so entschuldige ich mich keineswegs dafür, dass ich den Körper angegriffen habe, um sein Inneres zu zeigen. [...] Meine Arbeit lebt an der Grenze zwischen der Gier des Hinschauens und dessen letztlicher Unmöglichkeit.«[38]

Doch die künstlerische Arbeit Orlans begnügt sich nicht mit der Öffnung des Körpers und dem Niederreißen der Barrieren zwischen Innen- und Außenwelt. Ihr eigentliches Ziel ist, nach der Dekonstruktion, die Rekonstruktion ihres Bildes und die Schaffung einer neuen Identität. Also nimmt sie Bildnisse von Göttinnen und mythischen Figuren wie Diana, die Mona Lisa oder Psyche und lässt sie mit ihrem eigenen Bild verschmelzen. Sie bearbeitet beides am Computer, bis sie eine Synthese geschaffen hat, die sie dann ihrem Gesicht einschreibt. Jede ihrer plastisch-chirurgischen Operationen ist Teil eines Prozesses, in dem sie einen Vergleich zieht zwischen dem am Computer geschaffenen Selbstporträt und dem Bild, das sie ihrem Körper operativ einimpft. So gesehen nutzt Orlan die plastische Chirurgie nicht, um ihren Körper dem abendländischen Schönheitsideal anzupassen, sondern ganz im Gegenteil, um sich diesem Ideal zu widersetzen.

Die Kunstfigur, die sie schafft, ist jedoch immer dem Ideal verpflichtet, das Orlan von sich selbst hat: die Schaffung einer »neuen« Orlan. Aus diesem Grund, schreibt sie, wird sie auch, nachdem die Operationen abgeschlossen sind, »eine Werbeagentur beauftragen, für mich nach meinen Vorgaben einen Namen, Vornamen, Künstlernamen und ein Logo zu entwerfen.

Ich werde unter den Vorschlägen, die man mir unterbreitet, meinen neuen Namen wählen. Dann werde ich mir einen Anwalt nehmen und beim Passamt [im franz. Original »Staatsanwalt«] beantragen, dass man meine Personendaten dieser neuen Identität und dem neuen Gesicht angleicht.«[39] Dieses Vorgehen ist von einigen Widersprüchen geprägt: Wie ist es möglich, den Körper als »obsolet« zu bezeichnen, ihm aber andererseits allein die Aufgabe zu übertragen, die eigene Identität zu definieren? Wie kann man vorgeben, dass die eigene Identität stetes *work in progress* ist, andererseits aber das Ergebnis eines diesbezüglichen Prozesses – ein neues Gesicht mit einer neuen Identität – von den Behörden beglaubigen lassen?

Einesteils widersetzt sich Orlan der Diktatur der Gene und dem Glauben, alles sei vorherbestimmt: Das Individuum hat sowohl das Recht als auch die Möglichkeit, das, was es ist, nicht dem Zufall zu überlassen. Andererseits scheint die Künstlerin selbst die Konsequenz ihrer Entscheidung nicht zu akzeptieren. Orlan pflegt die Logik des »sowohl – als auch«. Ihrer Ansicht nach ist alles möglich: Jede Entscheidung ist reversibel, keine getroffene Wahl endgültig: »Im Augenblick scheint mir das ›sowohl – als auch‹ die einzig wirklich sinnvolle und beständige Wahl zu sein! Daher kommt es in meiner Arbeit auch so oft vor: sowohl das Öffentliche wie auch das Private, das angeblich Schöne wie das angeblich Hässliche, das Natürliche und das Künstliche, das Innere wie das Äußere.«[40] Nach der Logik des »sowohl – als auch« kann man seinen Körper nach Belieben umwandeln und diese Veränderung auch wieder rückgängig machen, ihn erneut modifizieren und auch dies wieder rückgängig machen, und so weiter und so fort, ohne dass dies irgendwelche besonderen oder unumkehrbaren Folgen hätte. In der Logik des »sowohl – als auch« können wir Mann und Frau zugleich sein oder wie Orlan selbst sagt »eine Mann« und »ein Frau«.

Orlan nimmt den alten feministischen Schlachtruf »Mein Körper gehört mir« wieder auf und treibt ihn bis zum Äußersten: Ihr Körper wird ihr zum beliebig formbaren Material. Sie nutzt ihr Fleisch, um ihr Idealbild von sich selbst offenzulegen. Es gibt keinen äußeren »Spiegel« mehr, der die Annäherung des Objekts an sein Modell erlaubt und beides doch gleichzeitig trennt. Der einzige Spiegel, der Bestand hat, ist ihr Blick, der den nach ihren Anweisungen erfolgenden Veränderungen ihres Gesichts folgt. Ihr Blick, der sich in den meist entsetzten Augen des Publikums spiegelt.

VOM MONISMUS ZUR PHÄNOMENOLOGIE

Solange Körper und Geist als zwei verschiedene Substanzen betrachtet werden, lässt sich das Problem ihrer »Einheit« nicht lösen. Wie können zwei unterschiedliche Substanzen in Harmonie koexistieren? Wie wir gesehen haben, versucht Descartes, das Problem zu lösen, indem er die Zirbeldrüse zwischenschaltet. Doch die cartesianische Idee löst das Problem keineswegs, sondern führt die Debatte nur weiter. Seine Vorstellung bereitet einerseits dem ontologischen Monismus Spinozas den Weg, andererseits den unterschiedlichen Formen des materialistischen Reduktionismus.

I. Der metaphysische Monismus Spinozas

Wie Descartes denkt auch Spinoza, dass der Mensch aus Geist und Körper besteht. Anders als Descartes aber stellt sich Spinoza beides nicht als getrennte Substanzen vor, sondern als Erscheinungsformen einer einzigen. »Denn dort haben wir gezeigt, dass [...] der Geist und der Körper ein und dasselbe Individuum sind, das bald unter dem Attribut des Denkens, bald unter dem der Ausdehnung begriffen wird.«[41]

Für Spinoza gibt es nämlich nur eine Substanz auf der Welt: Gott oder aber die Natur (*deus sive natura*). Diese Substanz manifestiert sich in zahllosen Attributen, die ihre Erscheinungsformen sind. So gesehen sind Ausdehnung (Materie) und Denken nicht zwei voneinander getrennte Substanzen, sondern nur verschiedene Ausdrucksform ein und derselben. Beide funktionieren vollkommen parallel, was auf ihre grundlegende Einheit zurückgeht. Nicht das eine wirkt auf das andere ein, sondern alles, was im einen geschieht, ruft automatisch einen Widerhall im anderen hervor. Auch der Mensch kann als »Teil« der einen Substanz unter zwei Gesichtspunkten betrachtet werden: Unter dem Blickwinkel der Ausdehnung ist er Körper, unter dem des Denkens Geist. Das ist der Grund, weshalb alles, was dem Körper widerfährt, sein Echo im Geist hat – ein bestimmter materieller Zustand des Magens zum Beispiel drückt sich im Denken als Hungergefühl aus.

So scheint das cartesianische Problem des Zusammenwirkens von Seele und Körper gelöst. Körper und Seele (Geist) sind eine Wirklichkeit, die unter zwei verschiedenen Aspekten aufscheint. Jeder menschliche Zustand ist zugleich Bewegung im Körper und Idee im Geist. Nicht der Geist wirkt auf den Körper ein oder umgekehrt, sondern jede Aktion hat ihren Ursprung in einem einzigen Wesen, das zugleich Körper und Geist ist[42].

Der Körper – ein komplexes, gut organisiertes Instrument

»Was freilich der Körper alles kann, hat bis jetzt noch niemand festgestellt, das heißt, niemand hat sich bis jetzt auf dem Wege der Erfahrung darüber unterrichtet, was der Körper nach den Gesetzen seiner Natur allein, sofern sie nur als eine körperliche betrachtet wird, tun kann und was er nicht tun kann, wenn er nicht vom Geist dazu bestimmt wird«, schreibt Spinoza. »Zudem wird wohl jeder schon die Erfahrung gemacht haben, dass der Geist nicht immer gleich befähigt ist, über ein Objekt zu denken, dass vielmehr, je fähiger der Körper ist, das Bild von diesem oder jenem Objekt in sich zu erzeugen, umso fähiger auch der Geist ist, dieses oder jenes Objekt zu betrachten. [...] Die Erfahrung aber lehrt genug und übergenug, dass die Menschen nichts weniger in ihrer Gewalt haben als die Zunge und dass sie nichts weniger können, als ihre Triebe im Zaum zu halten. [...] So meinen der Irrsinnige, der Schwätzer, der Jugendliche und viele dieser Art aus freiem Entschluss des Geistes zu reden, während sie doch den Antrieb zum Reden haben nicht bezähmen können. [...] Hier möchte ich noch auf etwas anderes besonders aufmerksam machen: dass wir nämlich durch einen Entschluss des Geistes nichts tun können, dessen wir uns nicht erinnern. Wir können zum Beispiel ein Wort, dessen wir uns nicht erinnern, nicht aussprechen. Außerdem, dass es nicht in der freien Gewalt des Geistes steht, sich einer Sache zu erinnern oder sie zu vergessen.«[43] Der Vorstellung vom Körper als einer Substanz mit Ausdehnung setzt Spinoza das Bild eines Körpers als komplexes Instrument auf der materiellen Ebene entgegen, das vieles vermag. Dieses Vermögen, das sich zunächst einmal in der Möglichkeit ausdrückt, mit anderen Körpern in der Außenwelt zu interagieren, fußt einzig und allein auf der inneren Beschaffenheit des menschlichen Körpers. Es hängt nicht von irgendwelchen äußeren Ursachen ab. Der menschliche Körper in seiner Lebendigkeit ist allein Grund dafür, dass er in seinem Sein verharren kann, anders als im aristotelischen Denken, wo die Seele mit dem Prinzip des Lebens gleichgesetzt wird und den Körper organisiert.

Und so versucht der Monismus Spinozas Identität und Verschiedenheit auszusöhnen, indem er von der unbestreitbaren Tatsache ausgeht, dass der Mensch denkt. Dieses Denken aber nimmt nicht nur verschiedene Formen an – je nachdem, ob er träumt, fühlt, begehrt, liebt oder hasst –, es hat auch ein bevorzugtes Objekt, den Körper: »Der Geist erkennt sich selbst nur, sofern er die Ideen der Körpererregungen erfasst.«[44] Und auch wenn die Erkenntnis des äußeren Körpers nicht »adäquat« sein kann, wenn die Erregungen eines äußeren Körpers für uns nicht »klar und deutlich« sind, so liegt es doch auf der Hand, dass äußere Körper auf uns einwirken und Schmerz und Lust nur im eigenen Körper fühlbar werden: »Der menschliche Geist hat Ideen, durch die er sich und seinen Körper und die äußeren Körper als wirklich existierend erfasst.«[45]

Von diesem Monismus ausgehend kann Spinoza Wünschen und Lüsten viel Platz einräumen, sind sie doch Manifestationen des Strebens jedes Einzelnen nach Verharren in seinem Sein. »Dieses Streben heißt, wenn es auf den Geist allein bezogen wird, *Wille*; wird es aber auf Geist und Körper zugleich bezogen, so heißt es *Trieb*; es also nichts anderes ist als des Menschen Wesen selbst, aus dessen Natur das, was zu seiner Erhaltung dient, notwendig folgt, weshalb der Mensch bestimmt ist, es zu tun. Auch ist zwischen Trieb und Begierde kein Unterschied; nur dass Begierde meistens auf den Menschen bezogen wird, sofern er seines Triebes bewusst ist. Man kann daher wie folgt definieren: *Die Begierde ist ein Trieb mit dem Bewusstsein desselben.*«[46]

Für Spinoza reduziert sich der Affekt also nicht auf eine Tätigkeit des Geistes. Er besitzt zugleich eine körperliche und eine psychische Realität. Und so setzt er der cartesianischen Idee von der Kraft der Seele, deren Wirkung den Körper zum Ziel hat (Descartes, *Die Leidenschaften der Seele*, Art. 18), die Vorstellung entgegen, dass jeder zur Handlung nötige Impuls in Seele (Geist) und Körper gleichzeitig entsteht[47].

II. Der materialistische Reduktionismus: Von der Maschine Mensch zur neuronalen Funktion

La Mettrie und die Maschine Mensch

Auch für La Mettrie bestand das Universum aus einer einzigen Substanz. Anders als Spinoza allerdings sah der Autor von *L'Homme-Machine* (1747) nicht die Natur als diese Substanz an, sondern die Materie als solche. Woraus er die Idee entwickelte, die Seele sei nichts weiter als ein nutzloser Begriff, »von dem wir keinerlei Vorstellung haben«.

La Mettrie ist als Philosoph Materialist. Er geht davon aus, dass die Materie von einem immanenten Prinzip belebt wird, der Fähigkeit zur Empfindung. Den Begriff der Seele lehnt er ab. Für ihn ist die »Seele« nur das Organ, das uns erlaubt zu denken, das Gehirn also, das seinerseits materiell und mit einer Ausdehnung begabt ist. In seiner Sicht sind alle Funktionen, die man traditionell der Seele zuschrieb, nichts weiter als ein Resultat bestimmter körperlicher Prozesse, die sich in einem materiellen Substrat (Gehirnfasern) abspielen und auf bestimmte (pflanzliche oder tierische) Weise organisiert sind. Die unterschiedlichen Erscheinungsformen der Lebewesen werden also nicht aus ihrer ontologischen Differenz heraus erklärt, sondern aus ihrer physischen Verschiedenheit: Die Unterschiede zwischen den Lebewesen hängen bei La Mettrie von deren unterschiedlichem Organisationsgrad ab. »Im Allgemeinen ist die Form und die Zusammensetzung des Gehirns bei den Vierfüßlern annähernd die gleiche wie beim Menschen. Überall dieselbe Gestalt und dieselbe Veranlagung, mit diesem wesentlichen Unterschied, dass der Mensch von allen Tieren dasjenige ist, das am meisten Gehirn hat und das Gehirn mit den meisten Windungen, im Verhältnis zur Masse seines Körpers: es folgen der Affe, der Biber, der Fuchs, die Katze etc.; das sind die Tiere, die dem Menschen am meisten gleichen, denn man bemerkt auch bei ihnen die gleiche graduelle Analogie in Bezug auf den *corpus callosum*.«[48]

In gewisser Weise sieht sich La Mettrie als konsequenten Cartesianer, der den Descartes'schen Mechanismus folgerichtig zu Ende denkt. Als guter Materialist streicht er die immaterielle Seele gleich ganz. Damit wird er sozusagen zum Vater des modernen Materialismus. Was aber versteht man eigentlich unter »Materialismus«? Einfach nur den Primat der Materie über den Geist? So jedenfalls Engels, der schreibt: »Die Materie ist nicht ein Erzeugnis des Geistes, sondern der Geist ist selbst nur das höchste Produkt der Materie.«[49] Doch diese auf Anhieb so klar wirkende Definition wird immer nebelhafter, sobald man nach ihrem Sinn fragt. Was zum Beispiel versteht man unter Geist? Etwa das Gehirn? Und wenn es so ist, wie kann das Studium des

Gehirns uns helfen, mehr über den Körper und die Entstehung der Emotionen in Erfahrung zu bringen?

Gehirn und Geisteszustände

Anfang des 19. Jahrhunderts kam die Phrenologie auf und hatte einen schier unglaublichen Erfolg: Man studierte den Charakter eines Menschen, indem man seine Schädelhöcker abtastete. Allmählich rückte die Idee ins Bewusstsein, das Gehirn sei das Zentrum des Bewusstseins und der Gefühlsregungen. Denn jenseits aller absurden Thesen führt das Aufkommen der Phrenologie zu einem intensiven Studium der Gehirnregionen und der dort lokalisierten Funktionen.

Ende des 19. Jahrhunderts entwickeln sich neue Forschungszweige: Studien über Elektrizität und organische Chemie sowie die Mikroskopie erlauben die Erforschung des Gehirns unter neuen Gesichtspunkten, wo bislang nur eine deskriptive Anatomie möglich war. Golgi und Cajal (die 1906 den Nobelpreis erhielten) entdeckten die Zellen des Nervensystems, die Neuronen, deren Eigenschaften, Funktionen und Verbindungen künftig genauer untersucht werden sollten. Die so genannten »Neurowissenschaften« entwickelten sich dann im 20. Jahrhundert. Ihr Ziel war es nachzuweisen, dass geistige Prozesse ihren Ursprung in den Vorgängen im Gehirn haben. Daraus entwickelte sich die Vorstellung, dass alle geistigen Prozesse letztlich auf Zustände des zentralen Nervensystems zurückzuführen sind. Der natürliche Ursprung unserer geistigen Fähigkeiten ist ein funktionsfähiges Gehirn[50].

Vor diesem Hintergrund entwickelte sich auch die Forschungsarbeit von Jean-Pierre Changeux. Die Psyche, schreibt er in *Der neuronale Mensch*, besitze eine Anatomie und eine Biologie. Die gallertartige Masse des Gehirns besteht aus Milliarden Nervenzellen, den Neuronen, die ihrerseits durch zahllose Kontaktstellen, die Synapsen, miteinander verbunden sind. Die Kommunikation zwischen den Neuronen wird durch elektrische Impulse und chemische Substanzen sichergestellt, den so genannten Neurotransmittern. Das Gehirn des Menschen ist also eine gigantische Ansammlung von Abermilliarden neuronaler »Spinnennetzen«, in denen elektrische Impulse weitergeleitet werden. Nachdem Changeux nachgewiesen hat, dass mentale Aktivitäten sich auf physikalisch-chemische Veränderungen zurückführen lassen, wendet er seine neue Erkenntnis auf bestimmte Verhaltensweisen an. Er erklärt, wie das Gehirn funktioniert, wenn ein Mensch Schmerz empfindet, in Ekstase fällt, ein Problem analysiert, wenn er spricht, denkt, handelt.

Doch so faszinierend diese Ausführungen über das Funktionieren des Menschen auch sein mögen, so bleiben doch gewisse Fragen offen. Kann man menschliches Verhalten tatsächlich auf die Organisation unserer Neuronen und Synapsen zurückführen? Sicher kann man feststellen, dass eine bestimmte Empfindung mit einem bestimmten Zustand der Neuronen einhergeht. Aber wenn wir beispielsweise den Schmerz nehmen: Wenn wir sagen, dass uns etwas wehtut, ist das wohl nicht dasselbe wie in diesem oder jenem neuronalen Zustand zu sein? Gibt es nicht eine Erfahrung des Schmerzes, die über den neurologischen Befund hinausgeht?

III. Nietzsche und der befreite Körper

Anders als die philosophische Tradition vor ihm sucht Nietzsche, dem Nachdenken über Körper und Seele eine neue Basis zu geben, ohne sich dabei an die klassischen Materialismusthesen anzulehnen. Statt von der Seele, ja vom Bewusstsein auszugehen, müsse die Philosophie den lebendigen Leib als Ausgangspunkt nutzen[51]. Nietzsche meint: Der Glaube an den Leib ist fundamentaler als der Glaube an die Seele.[52] Aus Nietzsches Sicht gibt es für den Menschen – und jedes andere Lebewesen – nur die Existenz im Körper. Daher ist das Leben immer Leben im Körper. Und dies, obwohl bei Nietzsche die Idee, das Denken müsse vom körperlichen Leben getrennt sein, nirgendwo auftaucht. So beraubt Nietzsche die traditionellen Vorstellungen von Seele und Geist ihrer Füllung: Es gibt keine Hierarchie zwischen Seele und Körper, da die Dualität von Seele und Körper keinen Sinn und folglich auch keinen Nutzwert hat.

Denn hinter jedem Gedanken steht für ihn ein Affekt[53]. Daher muss jede Erkenntnis von den Sinnen ausgehen. Denn Gedanken und jede andere Form intellektueller Tätigkeit nehmen ihren Anfang stets in Impulsen und Affekten. »Hinter deinen Gedanken und Gefühlen, mein Bruder, steht ein mächtiger Gebieter, ein unbekannter Weiser, der heißt Selbst: In deinem Leibe wohnt er, dein Leib ist er.«[54]

Nietzsche feiert den Körper in Bewegung, der sich der Musik anheimgibt, dem Tanz, der Macht des Dionysischen: »Der Leib ist eine große Vernunft, eine Vielheit mit einem Sinn, ein Krieg und ein Frieden, eine Herde und ein Hirt. Werkzeug deines Leibes ist auch deine kleine Vernunft, mein Bruder, die du

Geist nennst, ein kleines Werk- und Spielzeug deiner großen Vernunft.«[55] Die Kasteiung des Körpers ist in Nietzsches Augen auch eine geistige Verfehlung, die das Denken selbst in der Perversität gefangen hält. Dem befreiten Körper hingegen wohnt das freie, das fröhliche Denken inne.

IV. Die phänomenologische Revolution

Ende des 19. Jahrhunderts veränderte die Phänomenologie das philosophische Bild vom Körper grundlegend. Der Wahlspruch der phänomenologischen Schule ist die »Rückkehr zu den Dingen«, also auch zum Körper. Und sei es nur, weil die primäre Erfahrung des Menschen in der Welt die ist, die er vermittels seines Körpers macht. Und natürlich ist der Körper vor diesem Hintergrund auch das, was jedem Individuum seinen konkreten Selbstausdruck erlaubt. Dem pragmatischen Körperbild von Marx, der im Leib und seinen Organen ein dinghaftes »Instrument des Menschen« sieht, stellt die Phänomenologie ein intentionales Modell gegenüber, in dem der Körper – wie Sartre sagt – zum Instrument wird, »das seinerseits die anderen Instrumente einsetzt zu einem gewissen Zweck, den ich verfolge«[56]. Jeder Mensch existiert als lebendiger Organismus, doch dieser ist hier nicht nur Objekt (*Körper*), also ein organisches Ganzes, das von der Wissenschaft untersucht werden kann, sondern auch Subjekt, *Leib*. Ein Körper, der einer Person zugehört und ihr eigen ist.

Husserl ist der Erste, der eine wahrhafte Philosophie des Fleisches entwirft, und dies paradoxerweise ausgerechnet in dem Buch, das am stärksten vom transzendentalen Idealismus beeinflusst ist: in den *Cartesianischen Meditationen*. Am Ende seiner phänomenologischen Reduktion steht bei Husserl die Unterscheidung zwischen *Leib* und *Körper*. Er analysiert das Problem der Körperlichkeit, indem er die Fragen von Zeit, Raum, Intentionalität und Struktur der Wahrnehmung durchdenkt. Bei Husserl wird das Problem des Körpers sukzessive zum Problem seiner Rolle: Der Körper ist eine Metapher, ein Symbol dessen, was die Philosophie auszudrücken versucht, ein intentionales Objekt, das uns erlaubt, uns in der Welt zu orientieren. Selbst das Bewusstsein ist für Husserl inkarniert und trägt das Siegel unserer Körperlichkeit[57].

Sobald der Körper als intentionales Objekt gedacht wird, ist der Schritt zum Körper als Subjekt nicht mehr weit. Und so ist es im Denken von Maurice Merleau-Ponty der Körper, der seine Intentionalität »besitzt«. Der Körper ist kein Objekt mehr, das durch seine Ausdehnung charakterisiert ist: Er bekundet ein Streben, ein Innenleben, weil er eine Welt erscheinen lässt. Jeder *ist* sein eigener Körper, dieser ist nicht mehr nur Vehikel der Seele. Ganz im Gegenteil, die Seele existiert »durch das Mittel des Leibes«[58]. »Doch mein Leib steht nicht vor mir, sondern ich bin in meinem Leib, oder vielmehr ich bin mein Leib.«[59] So gesehen ist die Beziehung des Körpers zur Welt nicht die des Erkennens, sondern die des In-der-Welt-Seins: »So widersetzt sich die Erfahrung des eigenen Leibes der Bewegung der Reflexion, die das Objekt vom Subjekt, das Subjekt vom Objekt lösen will, in Wahrheit aber uns nur den Gedanken des Leibes, nicht die Erfahrung des Leibes, den Leib nur in der Idee, nicht in der Wirklichkeit gibt.«[60] Als Träger unseres In-der-

Welt-Seins besitzt der Körper Neigungen und Fähigkeiten, die die Umsetzung der persönlichen Intentionen und Projekte ermöglichen[61].

Bei Merleau-Ponty wird der Körper zunehmend zum Ausdrucksraum, der die Bedeutung der Dinge in die Welt trägt, indem er ihnen einen Ort gibt. Erst dadurch existieren sie als Dinge, unter unseren Händen und unseren Augen. In diesem Sinne ist unser Körper das, was die Welt entwirft und ins Leben ruft. Er ist »unser Mittel, eine Welt zu haben«, ist Träger des Gesichtssinns und des Tastsinns. Der Körper ist eine Spur in der Welt, ein »äußeres Doppel« der Seele, ein »berührendes Berührtes«, »sehend und sichtbar«[62]. Es gibt keine Grenzen mehr zwischen Körper und Welt: Sie vermengen sich in jeder Empfindung, verschränken sich auf eine Weise, dass sich nicht mehr sagen lässt, ob der Körper in der Welt oder das Gesehene im Körper ist. Sie sind ein einziges Gewebe, das Fleisch, in dem der fühlende Körper und der gefühlte Körper jeweils die beiden Seiten einer Medaille sind[63]. Der Versuch, die Opposition zwischen Fühlendem und Gefühltem in der Wahrnehmung zu überwinden, macht aus der Subjektivität ein Phänomen, in dem sich das Fühlbare um sich selbst legt, sodass ein unteilbares Ganzes von fleischlicher Natur entsteht, eine Gemeinschaft, ein *Kreis*, in dem Fühlendes und Gefühltes *reversibel* sind. Die Welt hat einen Leib wie jeder von uns: »So würde man alsbald merken, dass eine bloße Farbe und allgemein etwas Sichtbares kein absolut hartes und unteilbares Stück Sein ist, das sich ganz unverhüllt einem Blick offenbart ... Zwischen den vorgeblichen Farben und dem vorgeblich Sichtbaren würde man auf das Gewebe stoßen, das sie unterfüttert, sie trägt, sie nährt und das selbst nicht Ding ist, sondern Möglichkeit, Latenz und Fleisch der Dinge.«[64] Dieser Leib ist ununterscheidbar sowohl Materie (Substanz) als auch Zentrum der wahrnehmenden Selbstreflexion in einem nahezu kosmischen Akt der Akzeptanz. Er steht nicht mehr für das Subjekt als solches, sondern für die Unteilbarkeit des wahrnehmenden Subjekts und des ganzen Rests, »der sich fühlt«.[65]

Vor diesem Hintergrund entwickelt sich nun das Werk von Emmanuel Levinas, in dem Körperlichkeit, Affekte und Wahrnehmung in den Vordergrund rücken. Schon in *Die Zeit und der Andere* tritt der Körper bei Levinas als das auf, was über jede Beherrschung, jeden »Besitz« durch das Bewusstsein hinausgeht. Der Körper ist das, was die Verletzlichkeit und Zerbrechlichkeit des Menschen ausmacht. Vor allem aber in *Jenseits des Seins oder anders als Sein* geschieht zeigt der Philosoph seine höchst originelle Sicht des Körpers auf, in der der Körper niemals »mein« sein kann, weil er weder mein Objekt noch mein Besitz ist. Doch Levinas bricht nicht nur mit der Kategorie des *Habens*, sondern auch mit der des *Seins*. Ich bin nicht mein Körper, denn »ich bin an den Anderen gebunden, schon bevor ich an meinen eigenen Leib gebunden bin«.[66] In gewissem Sinne ist es bei Levinas stets der Andere, der uns entstehen lässt, der unseren Körper hervorbringt, ob es sich nun um die biologische Geburt handelt oder um andere Geburten in der Zärtlichkeit, in der Liebe, aber auch in Schlägen oder Verletzungen – Dinge, die sich im Laufe unseres Lebens stets abwechseln. »Die Liebkosung ist von einer Seite her noch sinnliche Beziehung, aber schon entledigt sich in ihr der Leib sogar seiner Form, um sich als erotische Nacktheit anzubieten. Im Fleischlichen der Zärtlichkeit verlässt der Leib den Status des Seienden.«[67] In dieser zärtlichen Begegnung gibt es weder Objekt noch Subjekt: Das Fleischliche ist weder der objektivierte Körper der Physiologen noch der subjektivierte Körper der Herrschaft. Wir erfahren unsere Körperlichkeit nur im Kontakt mit dem Anderen. Nur weil wir ein fleischliches Wesen sind, vermag unsere Subjektivität auf diesen Kontakt zu reagieren: »Die Subjektivität des Subjekts ist ebendies: Verwundbarkeit, dem Leiden ausgesetzt sein, Sensibilität, Passivität, die passiver ist als alle Passivität, unwiederbringliche Zeit, uneinholbare Diachronie der Geduld, Ausgesetztheit, die immer noch weiter auszusetzen ist, Ausgesetztheit, die auszudrücken ist und die insofern zu *sagen* und insofern zu *geben* ist.«[68]

V. Sein und Haben

Die unmittelbare Erfahrung des Menschen sagt uns, dass er Teil des physischen Universums ist, ein Körper unter anderen, ebenso geartet wie die Dinge der Wirklichkeit, die ihn umgeben. Wie jeder Körper ist auch der menschliche zunächst dadurch charakterisiert, dass er eine Ausdehnung hat, dass er Raum, Volumen und Materialität besitzt. Doch obwohl der menschliche Körper sich durch Ausdehnung, Schwere, Undurchsichtigkeit und Festigkeit auszeichnet, ist er kein Körper wie die anderen. Er ist ein Ding, aber ein Ding, das »ich bin«. Was den menschlichen Körper so einzigartig macht, ist die Tatsache, dass er die *Inkarnation* einer Person ist: Er ist der Ort, an dem sich unsere Wünsche, Wahrnehmungen, Emotionen manifestieren. Er ist das Mittel, mit dem wir zeigen, welche Art moralisches Wesen wir sind. Daher fällt der Bezug zur Körperlichkeit bei jedem Menschen anders aus. Wir können von unserem Körper vollkommen abhängig sein, uns mit ihm ganz und gar identifizieren. Oder wir können versuchen, uns der materiellen Bindung durch den Körper zu entledigen. Wir können den Anderen auf seinen Körper reduzieren und so seine Person instrumentalisieren. Doch wir können auch anerkennen, dass der Andere nicht nur ein nutzbarer Körper ist, dass er ja auch ein Mensch ist, der uns in seinem Körper entgegentritt.

Jeder Mensch unterhält zu seinem eigenen Körper eine Beziehung, die gleichzeitig instrumentell und konstitutiv ist. Was unsere körperliche Existenz angeht, leben wir in einem permanenten Spannungsfeld: Wir sind unserem Körper ebenso nah wie fern. In gewisser Weise halten wir uns in einem Grenzbereich zwischen Sein und Haben auf, dessen Grenzen erkannt werden können in »den ständigen Verstößen meines Körpers gegen mein Ich, welche die Basis meiner menschlichen oder kreatürlichen Verfassung sind«[69]. Wir sind, was wir sind, weil wir unser Körper sind, ihn aber auch haben.

Anders als die anderen Körper in dieser Welt scheint mein Körper mit mir so »verbunden« zu sein, dass ich mich davon nicht einfach lösen kann. Ich bin »in« meinem Körper. Wenn ich einen Rückzug aus dieser Realität wage, hat dieser immer etwas Metaphorisches: So können wir beispielsweise beschließen, einem Schmerz keine Aufmerksamkeit zu schenken. Doch auch diese Art und Weise, sich aus dem Körper zurückzuziehen, setzt voraus, dass wir »darin« sind. Wir können unseren Körper zwar *ignorieren*, aber nicht *annullieren*. Der Körper ist eine Art »symbolischer Institution«, die die objektive Erfahrung des physischen Körpers an die subjektive des eigenen Körpers koppelt. Ist er von außen betrachtet eine komplexe Ansammlung von Organen, die miteinander verbunden und in Harmonie sind, so ist er aus der subjektiven Innenschau auch der Ort, an dem wir uns die Frage nach unserer Existenz stellen.

Gewöhnlich sind wir uns dessen bewusst, dass unsere Verbindung zum Körper weit stärker ist als die zu anderen Objekten. Wenn wir laufen, essen oder Lust empfinden, empfinden wir uns als eins mit dem Körper, denn wir sind ja der Körper, der läuft, isst oder Lust empfindet. Und doch leben wir manchmal, als wäre unser Körper nichts als ein physisches Objekt wie die anderen Objekte in unserer Umgebung, die wir benutzen und beherrschen können. Nah und fern zugleich eröffnet der Körper jedem Menschen die Erfahrung tiefster Intimität und radikalen Andersseins zugleich.

Die Erfahrung der Krankheit

Ebendiese Ambiguität finden wir im Falle einer Erkrankung wieder. Denn ist die Krankheit zum einen – wie die Medizin lehrt – eine Fehlfunktion des Körpers als Objekt, die das Individuum daran hindert, frei in der Welt zu agieren, so ist sie doch auch subjektive Erfahrung jedes einzelnen Kranken in seinem Körper. Diese Erfahrung verweist uns zurück auf unser Dasein als fleischliches Wesen, da wir ja nicht nur dann krank sind, wenn der Körper krank ist, sondern auch, weil wir wissen, wie hartnäckig, ja zwingend das Leiden des Körpers bei Neurosen oder Psychosen sein kann.

In der Erfahrung der Krankheit lässt der Körper uns leiden: Da ist zum einen der Schmerz, der unseren Körper befällt. Und zum anderen wir, die wir diesen Schmerz durch unseren kranken Körper empfinden. Ist kein Schmerz vorhanden, erleben wir unseren Körper als den direkten Mittler unseres In-einer-bestimmten-Situation-Seins. Ich verfüge über meine schreibende Hand ja nicht wie über ein Instrument. Ich bin durch meine Hand hindurch, bin das, was meinem Gedanken hilft, in Schriftzeichen Form anzunehmen. Im Schmerz hingegen stehe ich einem Körperteil, beispielsweise der Hand, nicht länger mehr als Beobachter gegenüber. Ich bin, was die schmerzende Region angeht, wehrlos. Meine Hand tut mir weh: Sie besetzt mich, bedrückt mich, drängt sich mir geradezu auf. Der Körper, den man in der Krankheit entdeckt, ist ganz anders als der, den man zu kennen glaubte. So schreibt Proust in *Die Welt der Guermantes*: »Im Zustand der Krankheit merken wir, dass wir nicht allein existieren, sondern an ein Wesen ganz anderer Ordnung gefesselt sind, von dem uns Abgründe trennen, das uns nicht kennt, und dem wir uns unmöglich verständlich machen können: unseren Körper.«[70] Unser kranker Körper ist kein diskreter Gefährte mehr, sondern einer, der sich uns heimtückisch aufdrängt und sich nicht beiseiteschieben lässt: »Es ist mir nicht gelungen, mich meiner selbst zu entledigen. Ich bin das einzige Objekt meiner Aufmerksamkeit geworden. Man hat mich mir aufgedrückt. Man hat mich an meine Person genagelt.«[71]

Die Krankheit rehabilitiert die Notwendigkeit einer engen Beziehung zum Körper, denn nun können wir uns nicht mehr der Illusion hingeben, dass wir auch unabhängig von ihm sein könnten. Wenn mein Körper das ist, wodurch ich existiere und mich von anderen unterscheidet, treibt die Krankheit diese Erfahrung auf die Spitze. Gleichzeitig erlebt der Kranke sich als grundlegend ohnmächtig: Er weiß, dass er nicht mehr alles tun kann, was er möchte, da sein Körper kein Gegenstand der Außenwelt ist, sondern er selbst. Jeder Mensch kann versuchen, sich seines Körpers zu entledigen, doch wenn er krank wird, kann er die Empfindungen nicht mehr leugnen, die der Körper ihm verschafft und die ihn daran hindern, so zu leben, wie er es täte, wäre er nicht krank.

Transplantationen und Identität

Ein anderes Beispiel, das die enge und ambivalente Beziehung des Individuums zu seinem Körper zeigt, ist die Frage der Transplantation. Immer wenn ein Mensch ein Organ übertragen bekommt, nehmen die Trauer um das verlorene Organ und die Aneignung und Integration des neuen Organs in einem vielschichtigen Prozess viel Zeit in Anspruch. Das Problem eines Organempfängers ist, dass er plötzlich im Inneren seiner selbst etwas »Fremdes« akzeptieren muss. »Ich (wer, ›ich‹ das ist genau die Frage, die alte Frage: wer ist dieses aussagende Subjekt, das dem Ausgesagten stets fremd bleibt und zwangsläufig als Eindringling erscheint, obwohl es ebenso zwingend als dessen Antrieb, Schalthebel oder Herz fungiert) – ich, also, habe vor bald zehn Jahren das Herz eines anderen erhalten. Man hat es mir eingepflanzt. Mein eigenes Herz (dass es hier um die Frage nach dem ›Eigenen‹ geht, ist wohl deutlich geworden [...]) – mein eigenes Herz, also, war unbrauchbar geworden, aus einem Grund, der nie geklärt wurde. Um leben zu können, musste ich das Herz eines anderen erhalten«, schreibt Jean-Luc Nancy[72].

Der Philosoph zeigt auf das Hauptproblem bei einer Transplantation: die Schwierigkeit, das Auftauchen des Anderen im Herzen der eigenen Identität zu akzeptieren. Ein Problem, das umso schwerer wiegt, da letztendlich ja nur wir unseren Körper unmittelbar und intim erfahren können, auch wenn andere ihn sehen und berühren können. Diese unmittelbare Erfahrung veranlasst uns, instinktiv eine Grenze zwischen uns und dem Rest der Welt zu ziehen.

In *Der Eindringling* befragt das »Ich« sich über das »Ich«. Das »Ich« versucht, seinen Körper und sein Funktionieren zu begreifen. Es versucht, sich Rechenschaft über sein Leben und seine Identität abzulegen. Ausgehend von einem Riss, einem Schnitt, der dieses »Ich« von der Vergangenheit trennt. Einem Sprung in Raum und Zeit. Leben und Tod vermischen sich. Ein Organ ersetzt das andere. Das Leben geht weiter. Das »Ich« lebt weiter, aber welches »Ich« ist es denn nun? Es ist das Andere, das plötzlich buchstäblich im Herzen des »Ich« auftaucht und es zwingt, sich von neuem die Frage zu stellen: »Wer bin ich?« Was weiß dieses »Ich« von seinem Körper, der nur überlebt, weil er einen Eindringling birgt? Was denkt es von diesem Fremden, das nun in ihm wohnt und verlangt, in dieses Innere des Organismus eingegliedert zu werden? Ein Körper. Ein Leben. Ein Funktionieren. Eine Identität.

Das »Ich« fragt sich. Ein »Ich«, das nicht mehr weiß, wer es ist. Ein »Ich«, das mit diesem »Eindringling« zu leben lernen muss. Ein »Ich«, das außerdem ein Philosoph ist und das als solcher die Problematik der Identität gut kennt. Doch hier erhält die Frage nach der Identität plötzlich einen neuen Inhalt. Hier fragt der Philosoph sich, ob sein »Ich« mit einem fremden Organ immer noch dasselbe ist, ob »sein« Körper immer noch »sein« Körper ist. Ein anderer ist in »sein« Leben eingedrungen. Ein Fremder, der ihm gleichwohl zu überleben gestattet. Ein Eindringling, der ihn rettet. Aber ist er danach immer noch dieselbe Person? Welche Rolle spielt der Eindringling? Ist er »Gast« oder »Fremder«? »Ich kann es genau fühlen, da es viel stärker ist als ein Gefühl: Nie hat die Fremdheit meiner Identität, die ich stets deutlich empfunden habe, mich so heftig berührt und sich mit solcher Schärfe bemerkbar gemacht. Das ›Ich‹ ist deutlich zum formalen Index einer nicht nachprüfbaren und nicht fassbaren Verkettung geworden. Immer schon hat sich zwischen meinem Selbst und meinem Selbst ein Zeitraum erstreckt; doch jetzt ist da die Öffnung eines Einschnitts, das Unversöhnliche einer Immunität, der man in die Quere gekommen ist.«[73]

Zwischen »Ich« und »Ich« herrscht seit jeher eine subtile und vielschichtige dialektische Beziehung. Die manchmal mehr, manchmal weniger fühlbar wird. Mehr oder weniger zerrissen ist. Und die nie aufhört. Doch wenn der Riss so ist, dass das Überleben vom Organ eines anderen abhängt, ist das »Ich« nicht nur gezwungen, den Überdruss hinzunehmen, der zwischen dem Subjekt der Aussage und dem Subjekt des Aussagens herrscht. Das »Ich« ist auch noch gezwungen, mit seinem Spiegelbild zu spielen, die Präsenz eines Anderen hinzunehmen, ja die Anwesenheit eines Fremden zu integrieren. Denn es ist ebendieses »andere als ich selber«, das dem »Ich« zu überleben erlaubt, obwohl sich der Körper mit seinem Immunsystem dagegen wehrt. Es ist dieses »andere als ich selber«, das den Platz des versagenden »Eigenen« einnimmt und das »Ich« von innen heraus reizt. »Die Möglichkeit der Abstoßung zeitigt eine doppelte Fremdheit. Auf der einen Seite zeitigt sie die Fremdheit des verpflanzten Herzens, das der Organismus als Fremdkörper identifiziert und angreift; auf der anderen Seite zeitigt sie die Fremdheit des Zustands, in den die Medizin den Patienten versetzt, um ihn zu beschützen. Die Medizin vermindert dessen Immunität, damit er das Fremde erträgt. Sie entfremdet den Patienten also seiner selbst, der Identität seiner Immunität, die so etwas wie seine physiologische Signatur ist.«[74] »Mein« und »sein« vermischen sich. Das Eigene und das Fremde wechseln den Platz. Wenn das »Ich« versucht, das Fremde zu verjagen, ergreift die Medizin Partei gegen das »Ich«. Gegen das »Ich« und gleichzeitig für es. Denn der Eindringling erlaubt dem »Ich« zu überleben und führt doch gleichzeitig ein existentiell Anderes ins Innere seines Lebens ein. Nun, wo das »Ich« sich selbst fremd geworden ist, ist es ein Unbekannter im bekannten Körper. Es ist nicht mehr »bei sich«, nicht mehr im Körper zu Hause, doch es kann auch nirgendwo anders hin, ohne zu sterben. Andere Empfindungen befallen es, andere Emotionen. Andere Leidenschaften erregen es. Der Körper wird zum Ort eines existentiellen Bruchs und schleudert das »Ich« in eine andere Welt, in der seine Identität sich neu zusammensetzen muss.

Das Fremde in sich aufzunehmen bedeutet vor allem, sein Eindringen zu fühlen. Dazu braucht es Raum und Zeit: Zeit, um zu begreifen, dass das »Ich« den Griff um den Körper lockern muss. Raum, um den Eindringling aufzunehmen und ihn in etwas »Eigenes« zu verwandeln. »Bleibt er ein Fremder, nachdem er angekommen ist, hört sein Ankommen nicht auf. Er wird nicht einfach ›heimisch‹, zumindest so lange nicht, wie er eben ein Fremder bleibt. Er ist weiterhin einer, der ankommt, der sich im Kommen befindet. Sein Ankommen ist in jeder Beziehung immer noch ein Eindringen. Es kann sich auf kein Recht, keine Vertrautheit, keine Gewöhnung berufen, im Gegenteil: Es ist eine Störung, ein Aufruhr im Innersten.«[75] Die Anwesenheit eines fremden Organs zwingt das »Ich«, die einzigartige Beziehung zwischen Nähe und Distanz zu erforschen: »Ich« muss seine Eigenheit, seine Identität neu aufbauen, indem es die Nähe zum Eindringling sucht. Das Transplantat ist noch nicht »sein«, gleichzeitig aber ist es dies doch, und sei es nur, weil es dem Körper erlaubt, weiterzuleben.

Die Beziehung zu sich selbst wird für das »Ich« zum unlösbaren Problem. Mit derselben Bewegung entfernt und nähert sich das »Ich«. Der Eindringling vertreibt es aus seinem innersten Kern und erlaubt ihm doch zu überleben. Das »Ich« versucht, seine Reaktionen zu kontrollieren, schafft dies aber nicht. Denn das »Ich« selbst wird von anderen kontrolliert: dem Körper, den Ärzten, den Medikamenten. Nähe in der Distanz: Die körperliche Nähe von »Ich« und Eindringling, die sich im Abstoßungskampf des Immunsystems niederschlägt, schafft die größtmögliche Distanz zwischen dem »Ich« und »seinem« Körper. Gleichzeitig aber stellt der Eindringling, indem er die Überlebensfunktionen sichert, eine völlig neue Nähe zwischen dem »Ich« und »seinem« Körper her. Was aber geschieht, wenn das transplantierte Organ das Gesicht ist, wenn das »Fremde« einen so wichtigen Platz im Hinblick auf das Körperbild einnimmt?

Gesichtstransplantation

Die Gesichtstransplantation ist erst seit kurzem überhaupt klinisch möglich. Wie bei der Handtransplantation handelt es sich dabei um eine Composit-Tissue-Allotransplantation (CTA). Bei dieser wird einem hirntoten Spender gleicher Spezies Gewebe entnommen, um einen Körperteil vollständig zu rekonstruieren, Blutgefäße und Nerven eingeschlossen. Anders als bei einer Organtransplantation handelt es sich um verschiedene Gewebearten, was leicht zu einer Abstoßungsreaktion führt[76].

Die erste Handtransplantation wurde im September 1998 durchgeführt, als eine Gruppe von Chirurgen unter der Führung von J.-M. Dubernard in Lyon einem 48-jährigen Mann, dem die rechte Hand amputiert wurde, den Unterarm eines 41-jährigen hirntoten Patienten übertrug. Seitdem wurden auf der ganzen Welt insgesamt elf Allotransplantationen der Hand durchgeführt. Erst im November 2005 übertrug J.-M. Dubernard am Universitätskrankenhaus von Amiens einem Mann zum ersten Mal ein Gesicht, das »Nase-Lippen-Kinn-Dreieck«. Isabelle Dinoire, die junge Frau, die operiert wurde, war von ihrer Hündin gebissen worden und war nach dem Ereignis vollständig entstellt aus der Narkose erwacht. Da es ihr nicht gelang, sich eine Zigarette anzuzünden, suchte sie sich einen Spiegel und stellte zu ihrem Entsetzen fest, dass sie kein Gesicht mehr hatte: »Im Krankenhaus traute ich mich eineinhalb Monate lang nicht aus meinem Zimmer, weil ich Angst vor dem Blick der anderen hatte«, erzählt sie auf einer Pressekonferenz zwei Monate nach ihrer Operation. »Ich konnte mich nicht mehr normal ernähren ... da ich den Mund nur drei Millimeter weit öffnen konnte ... Seit der Transplantation habe ich ein Gesicht wie jeder andere. Ich kann den Mund öffnen und essen. Ich möchte endlich wieder ein normales Leben führen ...«

Als der Chirurg damals mit ihr sprach und sie ihm ihr Gesicht zeigte, hegte er keinerlei Zweifel mehr an der Richtigkeit der Operation. Isabelle Dinoire hatte kein Gesicht mehr. Doch ist das Gesicht, das man ihr übertragen hat und das ihr erlaubt, so zu sein wie alle anderen, wirklich das »ihre«? Natürlich brauchte sie ein Gesicht, um zu überleben, um sich ernähren zu können, um ihr Selbstbild wiederzufinden, um den Blick der anderen zu ertragen. Doch wie kann man sich ein neues Gesicht zu eigen machen? Wie soll man sich im Spiegel »wiedererkennen«?

Die Nationale Ethikkommission Frankreichs (CCNE) hat 2004 eine Empfehlung[77] abgegeben im Hinblick auf die ethischen Probleme der CTA bei der Gesichtstransplantation, bei der sie vor allem auf die sozialen und historischen Aspekte der Wahrnehmung des menschlichen Gesichts verwies: »Das Vorhandensein eines Gesichts prägt in entscheidender Weise das Selbstbild und ist eine der Grundlagen für den Austausch mit anderen. Ein Gesicht zu haben ist also von ethisch allgemein anerkannter Bedeutung.« Das menschliche Gesicht zeichne sich durch seine Einzigartigkeit und seine Ausdrucksfähigkeit aus. Das Gesicht »bezeichnet ein Individuum. Es besteht aus dieser besonderen Anordnung von Augen, Nase, Mund und Gesichtsschnitt, die einem bestimmten Menschen seine Einzigartigkeit verleiht. Es gibt kein Durchschnittsgesicht. Auch Theatermasken haben die Form eines Gesichts, doch niemand würde sie je mit einem echten Menschengesicht verwechseln. Denn ein Gesicht ist nicht einfach nur *ein* Gesicht, sondern immer und unverwechselbar das Gesicht eines Menschen, eines Individuums, zu dem es gehört. Nur dieser Mensch kann dieses Gesicht haben.«

Wenn wir das Gesicht eines Menschen entdecken, machen wir die Erfahrung seiner Einzigartigkeit. Dies sogar dann, wenn das Gesicht einem anderen stark ähnelt, wie es bei Zwillingen oder in den seltenen Fällen echter Doppelgänger vorkommt. Denn im Gesicht drücken sich stets die tiefsten Emotionen einer Person aus, die diese einmalig machen. Daher die Bedeutung des Gesichts für unsere Beziehungen zu anderen Menschen, wie Levinas meint. Das Gesicht ist die Form des anderen, der unmittelbare Zugang zu seiner Andersartigkeit: »Auf die Frage *Wer?* antwortet die nicht qualifizierbare Gegenwart eines Seienden, der sich präsentiert, ohne sich auf irgendetwas zu beziehen und der sich indes von jedem anderen Seienden unterscheidet. Die Frage *Wer?* richtet sich auf ein Antlitz. [...] Das Antlitz, Ausdruck schlechthin, bildet das erste Wort: Das Antlitz ist der Signifikant, der an der Spitze seines Zeichens auftaucht, wie Augen, die dich ansehen.«[78] Das Gesicht sorgt dafür, dass die Person anwesend ist, steht für sie, identifiziert sie. Durch das Gesicht ist sie gleichzeitig fremd und nah: fremd, da sie in ihrer Einzigartigkeit nicht auf die Identität des Subjekts reduziert werden kann, das dieser Person begegnet; nah, da das Gesicht zwei Personen ihre Zugehörigkeit zum Menschengeschlecht teilen lässt.

»Je nach den Umständen«, schreibt Deleuze, »gibt ein Gesicht zu zwei Arten von Fragen Anlass: Woran denkst du? Oder eben: Was ist denn in dich gefahren, was hast du, was fühlst du oder spürst du? Sobald das Gesicht an etwas denkt, sich an einem Gegenstand fest macht, bedeutet dies gewiss die Bewunderung oder das Staunen, das sich im Englischen *to wonder* erhalten hat. Insoweit es an etwas denkt, gewinnt es seinen Wert vor allem durch seine Umrisslinie – seine reflektierende Einheit –, die alle Teile zu sich bringt. Dann hingegen erleidet oder spürt es etwas und gewinnt nun seinen Wert aus einer Intensitätsreihe, die seine Partien bis zu einem Höhepunkt durchlaufen, wobei jede Partie eine Art momentaner Unabhängigkeit gewinnt.«[79] Das Gesicht macht uns zu einem Individuum, es macht unsere Einzigartigkeit aus. Obwohl die Begegnung mit unserem Gesicht nur über den Spiegel stattfindet. Man kann sein Gesicht berühren, es gleichsam erraten, doch nur im Spiegel sehen wir es als reflektiertes Bild. Und manchmal erkennt man sich im Spiegel eben nicht mehr. Daher kann dies zu einer manifesten Identitätsstörung führen.

Was aber geschieht, wenn jemand buchstäblich sein Gesicht verliert? Der Verlust des Gesichts ist nicht nur ein traumatischer Identitätsverlust, der nach einer entsprechenden Transplantation entsprechend Arbeit zur Wiederaneignung verlangt. Auch unsere Beziehung zu anderen Menschen ist dadurch empfindlich gestört, identifizieren uns diese doch vor allem mit unserem Gesicht. Ebendies zeigt der Film *Vanilla Sky* von Cameron Crowe. David Aames ist ein junger und brillanter Verleger aus New York, der scheinbar alles hat: Geld sowie Erfolg im Beruf und bei Frauen. Als er Sofia kennenlernt, verliebt er sich in sie. Doch das Idyll dauert nur wenige Tage. Während David im Auto mit Julie, einer seiner Ex, streitet, steigt die junge Frau plötzlich aufs Gaspedal. Es gibt einen Unfall. Julie stirbt. David aber ist vollkommen entstellt. Auch im Krankenhaus geschieht kein

Wunder. Künftig trägt David eine Maske über dem, was von seinem Gesicht übrig ist. Doch da diese Maske keinerlei Ausdruck hat, wendet sich alle Welt von ihm ab. Sogar Sofia geht ihm aus dem Weg. Davids Leben ist zerstört.

Das Gesicht öffnet uns das Tor zur Begegnung mit anderen. Wir wechseln Blicke, Worte, Dialoge. Es ist unser Markenzeichen, eine Karte, die es zu lesen gilt. Sie verweist auf den Rest unseres Körpers und gleichzeitig auf unser Innenleben, auf seine geheimen Widersprüche. Es ist der Ausweis unserer Menschlichkeit. Es ist die Oberfläche, die dem Blick erlaubt, das ureigene Territorium des anderen zu erkunden, damit wir uns darin zurechtfinden. Doch diese Oberfläche weist Brüche auf, die uns in die Tiefen des Körpers führen. »Ich blicke der Frau, die ich in den Armen halte, nicht mehr in die Augen, sondern schwimme durch sie hindurch mit Kopf, Armen und Beinen und sehe, dass hinter den Augenhöhlen eine unerforschte Region, die Welt des Zukünftigen liegt, und hier herrscht keinerlei Logik.«[80] Das Gesicht ist niemals nur eine simple äußere Oberfläche. Es spricht zu uns unumwunden sowohl von der Einheit als auch von der Vereinzelung jedes Menschen.

DER KÖRPER ZWISCHEN
NATUR UND KULTUR

Seit jeher schreibt sich die Kultur in den menschlichen Körper ein, um ihn nach ihren Regeln und Normen zu formen und zu sozialisieren. Von Kindheit an wird der Körper, unabhängig von Gesellschaft oder Epoche, »abgerichtet«, damit er die sozial verordneten Werte und Prinzipien widerspiegelt. Zeitgenössische Historiker, Soziologen und Anthropologen sehen den Körper als: »ersten Ort, an dem die Hand des Erwachsenen das Kind prägt; ersten Raum, in dem seinem Verhalten soziale und psychologische Grenzen auferlegt werden; Wahrzeichen, das die Kultur mit ihren Zeichen prägt wie ein Wappen.«[81] Marcel Mauss zeigte bereits zu Beginn des 20. Jahrhunderts[82], dass Körperhaltungen und -bewegungen größtenteils soziale Konstrukte sind. Die Art, wie Männer und Frauen sich in einer Gesellschaft geben, mag vielleicht spontan erscheinen und den Gesetzen natürlicher Gestik gehorchen, stellt aber letztlich doch nur eine »kulturell anerkannte Technik und ihre Umsetzung« dar. Die Körpertechniken um Geburt, Kindheit, Adoleszenz und Erwachsenenalter sind »physisch-psycho-soziologische Verbindungen von Handlungsreihen«[83], die das »Werk der praktischen kollektiven und individuellen Vernunft« sind. Nur deshalb sind die Schwimmtechniken der Polynesier anders als die der Franzosen. Deshalb halten Amerikaner und Franzosen Hände und Arme anders, wenn sie gehen.

Noch mehr gilt dies natürlich für den Ausdruck der Gefühle.

Hören wir einmal mehr Mauss: »Es geht hier nicht nur um das Weinen, sondern um jede Form des mündlichen Ausdrucks von Gefühlen, die ihrem Wesen nach nicht nur psychische oder physische Erscheinungen sind, sondern auch soziale Phänomene, gekennzeichnet durch ihre Nicht-Spontaneität, ja ihre eindeutig verpflichtende Natur.«[84] Aber kann man denn tatsächlich davon ausgehen, dass der Ausdruck von Gefühlen dem festgelegten Code einer bestimmten Kultur und Zeit gehorcht, also nicht nur der persönlichen Subjektivität entspringt? Kann man wirklich annehmen, dass eine Emotion keine Realität an sich hat?

Für Mauss sind »all diese zeitgleichen kollektiven Ausdrucksformen, denen ein moralischer Wert innewohnt und die für Gruppe wie Individuum gleichermaßen verpflichtend sind, keineswegs nur simpler Gefühlsausdruck, sondern Zeichen mit vorgegebener Bedeutung, eine Sprache also [...] Man tut damit weit mehr, als nur seine Gefühle auszudrücken. Man drückt anderen gegenüber seine Gefühle aus, weil dies so erforderlich ist. Man drückt seine Gefühle für sich selbst aus, um der anderen willen, um sie ihnen zu zeigen. Dies hat eindeutig Symbolcharakter.«[85] Was aber ist mit den Schreien, die dort aus uns hervorbrechen, wo die sozial anerkannte Sprache scheitert, wenn wir uns von unseren Leidenschaften hinreißen lassen, ohne darauf zu achten, wie unsere Umwelt sie aufnimmt? Wie schätzen wir den Selbstausdruck ein, der von der Umwelt abgelehnt wird, weil er die Grenzen des Üblichen überschreitet, und der doch da ist – trotz aller Codes und kulturellen Repräsentationen?

I. Das Angeborene und das Erworbene

Kultur: Was dem Menschen erlaubt, sich über seine Natur zu erheben

Das Nachdenken über den Gegensatz von Natur und Kultur, Angeborenes und Erworbenes, reicht weit zurück. Es hat seinen Ursprung in der Antike. Bei Aristoteles beispielsweise finden wir in der Nikomachischen Ethik die Unterscheidung zwischen *zoe*, dem Leben, das der Mensch mit allen anderen lebenden Wesen teilt, und *bios*, der Lebensweise einer Person oder einer Gruppe. Natur ist also das, was Mensch und Tier gemeinsam haben, während Kultur das ist, was dem Menschen erlaubt, sich über sein natürliches Sein zu erheben und im Schoße der *polis* Vollkommenheit zu erlangen. Diese Vorstellung hält sich im abendländischen Denken und der aus ihm hervorgehenden Kultur über Jahrhunderte. Daher die strikte Trennung zwischen dem Wort, dem *lógos*, und dem Laut, der *phoné*. Diese Unterscheidung stellt Aristoteles zwischen dem Menschen und anderen Lebewesen an, vor allem zu Beginn der *Politik*. Dort heißt es, der Mensch sei »von Natur aus ein staatenbildendes Lebewesen«[86] und »das einzige Lebewesen, das Sprache besitzt«[87]. In *Über die Seele* schreibt er, dass ein von Tieren hervorgebrachter Laut keine Sprache sei, denn als Sprache könne man nur Laute sehen, die Bedeutung trügen.

Diese Unterscheidung nimmt später Augustinus auf: »Von zwei Dingen ist hier die Rede: vom Laut und vom Wort. [...] Ein Wort, das keinerlei Sinn ergäbe, ist kein Wort (*verbum*). Ein Laut, der nur erklingt, ohne einen Sinn zu ergeben, der aus dem

Mund eines Menschen dringt, der schreit statt zu sprechen, über den würde man sagen: Das ist ein Laut. Und nicht: Das ist ein Wort. Ein Seufzer wiederum ist ein Laut ... ein unbestimmter Ton, der ans Ohr dringt, doch dem Verstand nichts sagt, während das Wort, wenn es diese Bezeichnung tatsächlich verdient, einen Sinn haben muss.«[88]

Dies ist dieselbe Unterscheidung, die auch Descartes trifft. Da sind auf der einen Seite die rationalen Wesen, die ihre Gedanken im Wort ausdrücken, und auf der anderen Seite die Tiere, die im Schrei nur ihre Gefühlslage kundtun können. Die Tiere »können nämlich niemals Worte oder andere Zeichen dadurch gebrauchen, dass sie sie zusammenstellen, wie wir es tun, um anderen unsere Gedanken bekanntzumachen«[89]. Natürlich kommuniziert auch das Tier, doch es ist völlig unfähig, eine Äußerung zu tun, die nicht seine Bedürfnisse, seine Freude oder seinen Schmerz ausdrückt, sondern seine Gedanken. (Brief an Morus vom 5. Februar 1649.) Jahrhundertelang galt also der Mensch, der fähig war, sinnhafte Äußerungen zu tun und Konzepte zu bilden, als »different« und somit wesensmäßig verschieden von allen anderen Lebewesen, denen nur die reine Empfindung zur Verfügung stand und mit ihr der Laut / Schrei als Äußerung.

Und doch schreit auch der Mensch. Nicht nur, wenn er zur Welt kommt und sein Auftauchen aus dem Mutterleib mit einem Schrei kundtut, dessen er sich nicht bewusst ist. Nicht nur als Baby, wo er schreit, um seine Wünsche und Bedürfnisse, sein Behagen und seinen Kummer zu äußern. Auch später noch, wenn ihm die Worte fehlen, die Emotionen ihn überwältigen, die Sprache ihm seine Schwächen und Begrenzungen aufzeigt.

Man kann um Hilfe schreien, Freuden- oder Schmerzensschreie ausstoßen. Man kann etwas herausschreien, schreien wie ein Verrückter. Mitunter schreit man, eben weil man Unrecht hat, will andere überschreien. Oder man schreit, weil einem keiner zuhört und man keine andere Möglichkeit mehr sieht, die eigene Verzweiflung auszudrücken und sich so Gehör zu verschaffen. Man kann nach etwas schreien. Nach Freiheit, nach Gerechtigkeit: ein Aufschrei!

Die Liste der menschlichen Aktivitäten, die uns auf unsere animalische Natur verweisen, ist lang. Die Gesellschaft hat sich stets darum bemüht, diese Dinge zu verstecken oder zu maskieren. (Denken wir nur an die Darmentleerung, die Kopulation, das Zerkleinern der Nahrung.) Aus diesem Bedürfnis entsteht die Vorstellung, Kinder müssten geformt und erzogen werden, damit sie begreifen, welche Verhaltensweisen in der Gesellschaft als unzivilisiert gelten. Denn diese müssen kontrolliert, unterdrückt oder versteckt werden.

Der Reduktionismus im 1. und 2. Jahrhundert

Die Revolution der Aufklärung und die Herausbildung der experimentellen Wissenschaft im 17. Jahrhundert führten dazu, dass die Naturkundler menschliches Verhalten zu erklären suchten, indem sie die Erkenntnisse der Anatomie, der Biologie, der Chemie heranzogen. Vor diesem Hintergrund bildet sich der Positivismus des 19. Jahrhunderts heraus. In diesem Rahmen kommt es zu neuen Ansätzen kriminologischer Forschung. Diese wiederum bereiten den Boden für das rege Interesse an der Rolle der Gene bei der Entstehung von Körper und Geist.

Der intellektuelle Vater der modernen Kriminologie ist Cesare Lombroso (1835–1909). Zu seiner Zeit tobte eine rege Debatte über die Frage, ob kriminelles Verhalten das Produkt vererbbarer Merkmale ist oder vielmehr auf ein bestimmtes soziales Umfeld zurückgeht. Lombroso geht davon aus, dass es einen »Tätertypus« gibt. Der italienische Professor für Gerichtsmedizin und Psychiatrie lehrt, dass man kriminell von Geburt an ist und nicht etwa durch Sozialisation in einem ungünstigen Umfeld erst wird. Der Kriminelle zeige auch entsprechende »körperliche Anzeichen«, die sich leicht erkennen ließen.

Zur selben Zeit macht die Wissenschaft große Fortschritte in der Genetik. 1909 verwendet der dänische Botaniker Wilhelm Johannsen zum ersten Mal das Wort »Gen«[90]. Die Wissenschaft der Genetik versucht zu ergründen, wie beziehungsweise ob Körper und Verhalten des Menschen aus seinem Erbgut entstehen. Ein entscheidender Schritt wird 1953 getan, als James Watson und Francis Crick der Struktur der DNS-Doppelhelix (Desoxyribonukleinsäure) auf die Spur kommen. Schritt um Schritt kommt man dahinter, dass jedes Gen ein Abschnitt auf dem in Chromosomen organisierten DNS-Strang des Menschen ist. Seine spezielle Abfolge von Aminosäuren fungiert als Anweisung für die Herstellung von Proteinen, die die Lebensfunktionen jedes Organismus sicherstellen. Damit steht die Idee im Raum, dass jedes physische Merkmal des Organismus (das von einem Protein repräsentiert wird) ein bestimmtes Gen zur Ursache hat. Im Laufe des letzten Jahrhunderts wird das Gen zum machtvollen Erklärungsmodell, in dem einige Wissenschaftler nicht nur Antworten auf das Wie und Warum körperlicher Verfasstheit suchen, sondern auch Aufklärung im Hinblick auf bestimmte Verhaltensweisen wie Ehebruch oder Homosexualität.

1975 begründet der amerikanische Biologe Edward O. Wilson die »Soziobiologie«, die davon ausgeht, dass Verhaltensweisen ebenso wie körperliche Merkmale Frucht der Genexpression sind[91]. Seine Ideen haben großen Erfolg sowohl bei Wissenschaftlern als auch beim breiten Publikum, obwohl die in den Genen angelegten Expressionsmöglichkeiten bei weitem nicht der unendlichen Vielfalt kultureller Unterschiede entspricht, die man bei der Erforschung menschlicher Verhaltensweisen feststellen konnte. Obgleich kontrovers diskutiert, so werden doch immer noch zahlreiche Studien veröffentlicht, die den Nachweis für die genetische Fundierung von Persönlichkeitsmustern und Verhaltensweisen zum Ziel haben. 1995 beispielsweise verkündet David Reiss, Professor für Psychiatrie an der George-Washington-Universität in Washington, dass »Selbstvertrauen erblich« sei[92]. 1996 meint eine amerikanische Forschergruppe, das genetische Geheimnis der »Sucht nach Neuem«, des »Bedürfnisses nach starken Emotionen« sowie »starker Erregbarkeit« im Allgemeinen entdeckt zu haben[93]. Im selben Jahr gibt eine andere Gruppe von Wissenschaftlern bekannt, sie habe einen genetischen Marker für Alkoholismus bei der Maus gefunden[94]. Ist es also wirklich glaubhaft, dass der Zusammenhang zwischen Genen und einzelnen Merkmalen ein so simpler ist?

Tatsächlich ist das Zusammenspiel von Genen und körperlichen wie psychischen Merkmalen von enormer Vielschichtigkeit. Schon von einem »Gen für dies oder jenes« zu sprechen ist mehr als heikel. Auch die 2003 abgeschlossene Entzifferung des menschlichen Genoms (die Sequenzierung der Gene in der menschlichen DNS) bringt uns hier nicht weiter. Denn wie Henri Atlan, Biophysiker und Philosoph, erklärt, kann jedes Gen zur Herstellung verschiedener Proteine dienen. Und jedes Protein kann verschiedene Funktionen ausüben, abhängig vom physikalisch-chemischen Umfeld in der Zelle und von seiner Interaktion mit anderen Proteinen. Wir müssen uns ein Gen also eher wie eine Art biologischen Speicher vorstellen denn als unveränderliches Programm für den Zusammenbau von Organismen[95]. Das heißt, es lässt sich kein linear-kausaler Zusammenhang zwischen Genen, Proteinen und einzelnen Merkmalen herstellen: Unabhängig von seiner genetischen Basis entwickelt sich jedes Individuum in einem bestimmten Umfeld, dessen Einwirken es ausgesetzt ist, und ist deshalb durchaus Gestalter seines eigenen Lebens. Denn wie David Le Bretons Soziologie des Körpers zeigt, ist dieser »immer im Raster des Sinns« gefangen. Er ist stets »Ort und Zeit, in der die Welt Mensch wird in der ganzen Einzigartigkeit seiner persönlichen Geschichte«[96]. Vor diesem Hintergrund ist »die Wahrnehmung eine symbolische Aneignung der Welt, ein Entzifferungsprozess, der den Menschen in die Lage versetzt, die Welt im Hinblick auf sich selbst zu deuten«[97].

Identifikation eines Menschen durch seine DNS

Die Probleme, die im genetischen Reduktionismus liegen, treten zutage, sobald man Genanalysen dazu einsetzt, einen Menschen zu identifizieren, sei es nun im Rahmen strafrechtlicher

Ermittlungen (genetischer Fingerabdruck) oder zivilrechtlicher Verfahren (Vaterschaftstest)[98]. Der genetische Fingerabdruck ergibt sich aus der Kombination der Eltern-DNS, deren Möglichkeiten nahezu grenzenlos sind. Mit Ausnahme von eineiigen Zwillingen ist die Wahrscheinlichkeit, dass zwei Menschen denselben genetischen Fingerabdruck haben, quasi gleich null. Der genetische Fingerabdruck wird aus DNS-Proben (Blut, Körper- und Kopfhaar, Hautzellen, Speichel, Schweiß und Sperma) gewonnen und ermöglicht angeblich durch einen entsprechenden Abgleich die zweifelsfreie Zuordnung einer Vaterschaft, einer verwandtschaftlichen Beziehung oder einer Straftat. Im letzteren Fall vergleicht man die DNS der am Tatort vorgefundenen Spuren mit dem DNS-Profil eines Verdächtigen, um ihm die Straftat scheinbar ohne jeden Zweifel zuordnen zu können. Aus diesem Grund hat man beispielsweise in Frankreich eine Datenbank eingerichtet, in der genetische Fingerabdrücke gespeichert werden. Auf diese Datenbank haben örtliche und überregionale Polizeidienststellen Zugriff. Die Datenbank wurde durch Gesetz vom 17. Juni 1998 über die Prävention und Ahndung sexueller Übergriffe begründet. Anfangs wurden dort nur ganz bestimmte Straftäter gespeichert, die Datenbank nur im Hinblick auf Sexualdelikte benutzt (Vergewaltigung, sexuelle Aggression oder Exhibition, Pädophilie-Delikte). Am 19. März 2003 trat das Gesetz über innere Sicherheit in Kraft, das Nicolas Sarkozy als Innenminister initiiert hatte. Es sorgte dafür, dass die Datenbank nun auch genetische Fingerabdrücke von Personen erfasst, die »Personen und / oder Gütern« Schaden zugefügt hatten. Innerhalb weniger Jahre wuchs die Datenbank also entsprechend an und umfasst mittlerweile 255 000 Profile von

Verurteilten oder Verdächtigen sowie zahllose »Spuren«, die an Tatorten gefunden wurden: Hautschuppen auf einem Zigarettenstummel, auf Flaschenhälsen, Schweiß auf einem Türgriff et cetera.

Die Vorstellung, dass ein Krimineller immer biologische Spuren am Tatort zurücklässt, ist nicht neu. Immer sind es einzelne Elemente des Körpers, die anstelle des Verdächtigen »die Stimme erheben«. Was neu ist, ist der wissenschaftliche Anspruch der Gentests, der den Anschein erweckt, Gentests könnten über jeden Zweifel erhabene Beweise liefern[99]. Die Methode, die bei strafrechtlichen Ermittlungen eingesetzt wird, besteht in der Isolation und Analyse bestimmter DNS-Abschnitte. Diese unterscheiden sich durch Wiederholungen in den Nukleotidsequenzen, die man Allele nennt. Der Umfang dieser Wiederholungen pro Genort variiert von einem Individuum zum anderen beträchtlich[100]. Anders ausgedrückt: Wenn an einer bestimmten Stelle der DNS die Wiederholungssequenzen in der Tatort-Probe denen des Verdächtigen gleichen, geht man davon aus, dass die Verursacher beider Proben identisch sind: Die Tatortspur muss vom Verdächtigen stammen. Letztlich aber belegt das Resultat dieser Ergebnisse nur eine hohe Wahrscheinlichkeit der Identität. Außerdem können Tatortspuren bei der Sammlung und Aufbewahrung verunreinigt werden. Auch wenn der bildliche Ausdruck vom »Fingerabdruck« an eine schlichte Routineuntersuchung denken lässt, ist die genetische Spurensicherung ein höchst komplizierter Vorgang mit zahlreichen Fehlerquellen: Ob nun Hautabrieb oder DNS-Entnahme aus einer Körperöffnung, der Kriminaltechniker findet nicht immer brauchbares Material.

Noch problematischer erscheint die DNS-Analyse beim Vaterschaftstest. Das französische Recht nimmt eine »definitive Vaterschaft« an, wenn auf der Geburtsurkunde vermerkt ist, dass das Kind von einer verheirateten Frau geboren wurde, und wenn es daraufhin von ihr selbst und ihrem Ehemann aufgezogen wird. Doch es gibt heute die Möglichkeit, einen Vaterschaftstest durchführen zu lassen. Zahllose Firmen bieten diesen im Internet an. Dazu ist nur ein Vergleich zwischen den Hautzellen des Kindes und denen des Vaters nötig. Lässt sich Vaterschaft tatsächlich auf die genetische Verwandtschaft reduzieren? Kann man wirklich davon ausgehen, dass die echte »Verwandtschaft« die biologische ist?

Ein besonders eklatantes Beispiel für diese Fragestellung sind Kinder, die aus einer Samenspende hervorgehen. Tatsächlich besteht in einem solchen Fall keinerlei genetische Verwandtschaft zwischen dem gesetzlichen Vater und seinem Kind. Das Sperma, mit dem das weibliche Ei befruchtet wurde, wurde von einem anonymen Spender zur Verfügung gestellt. Und doch ist der Vater des Kindes der sterile Mann, der dieses Kind mit seiner Gefährtin oder seiner Geliebten haben wollte. Der gemeinsame Wunsch des Paares nach einem Kind ist Ursache für dessen Entstehen, unabhängig davon, dass ein Teil des genetischen Materials von einem Dritten, dem Spender, stammt.

II. Die Fallstricke des Konstruktivismus

Während die naturwissenschaftliche Anthropologie der Natur vor der Kultur den Vorzug gibt, vertritt die Sozialanthropologie, im Besonderen die Soziologie, die Ansicht, dass man dem Menschen damit nicht gerecht wird. Tatsächlich lassen sich viele Phänomene, die auf den ersten Blick naturbestimmt wirken, durch soziale Prozesse erklären. Der Sozialkonstruktivismus, der im 20. Jahrhundert zu einer beherrschenden Strömung der Soziologie wird, geht davon aus, dass jedes Ereignis notwendig ein »soziales Phänomen« ist und dass auch der Körper nichts weiter ist als ein soziokulturelles Konstrukt. Mit den Jahren bildet sich eine Vorstellung vom Körper als Fiktion heraus, als »Gesamtheit mentaler Repräsentationen, als unbewusstes Bild, das immer weiter ausgearbeitet wird, sich im Laufe der subjektiven Geschichte wieder auflöst und neu bildet. Bestimmend dabei sind soziale Diskurse und die symbolischen Systeme einer Gesellschaft«[101]. Dies mag für die Inszenierungen des Körpers gelten, in denen er von kulturellen und sozialen Bedingungen abhängig ist, die sich im Laufe der Jahrhunderte verändern. Doch kann man wirklich sagen, dass der Körper nur abhängige Fiktion einer Kultur ist? Wenn er tatsächlich nur ein Text ist, den die Kultur schreibt, was bleibt dann von ihm, sobald die Sprache dieser Kultur »dekonstruiert« wird?

Das Problem des Konstruktivismus liegt letztendlich darin, dass er die Bedeutung der Erscheinungen leugnet oder ignoriert. Denn natürlich sind die kulturellen Repräsentationen des Körpers historisch bedingt, doch dann bleibt immer noch das gelebte Leben des realen Körpers, das nur als Ausdruck einer subjektiven Erfahrung gelten kann. Denn es ist eine Sache anzunehmen, dass Kultur und Gesellschaft die Art und Weise beeinflussen, in der man seinen Wünschen und Emotionen Ausdruck verleiht, eine ganz andere aber zu behaupten, dass diese Wünsche und Emotionen nur Produkt des sozialen Konstrukts sind. Ebenso ist es ein Unterschied, ob wir davon ausgehen, dass der Körper durch soziale und kulturelle Techniken »konstruiert« werden kann, oder ob wir annehmen, dass der Körper keine Realität außerhalb dieses sozialen und kulturellen Konstrukts besitzt.

Es kann durchaus jede Gesellschaft »ihren Körper« haben, so wie sie ihre Sprache hat. Wie die Sprache gehorcht dieser Aspekt des Körpers sozialen Regeln, unterwirft sich den Regeln der Interaktion und der täglichen Inszenierung. Doch jeder Körper ist auch eine höchstpersönliche Wirklichkeit. Körperliche Gesten wie »streicheln« oder »umarmen« haben für jeden Menschen eine spezifische Bedeutung, unabhängig von ihrer kulturellen Deutung innerhalb einer bestimmten Gesellschaft.

In gewisser Weise ist die Stellung des Körpers die eines Zwitters zwischen Natur und Kultur: Einesteils leben die Körper, sie sterben, essen, schlafen und empfinden Schmerz oder Freude, völlig unabhängig von ihrer gesellschaftlichen Funktion. Andererseits sind sie Teil einer sozialen und kulturellen Wirklichkeit und ihre Bewegung wird nicht zuletzt von Erziehung und Gesellschaft bestimmt. Probleme aber entstehen immer dann, wenn man den Ausdruck von Natur oder Kultur behindert. Wenn man den Körper entweder ausschließlich als biologisch-genetisch determiniert betrachtet oder als nur soziokulturelles Konstrukt. Denn können wir den Körper tatsächlich auf seine genetische Organisation oder seine soziokulturelle Bedeutung reduzieren?

Der Körper als bloße Fiktion

Im Gefolge des unglaublichen Erfolgs strukturalistischer Theorien und der Arbeiten von Michel Foucault bildet sich – vor allem in den Vereinigten Staaten – eine neue Denkweise heraus, die den Körper als Text betrachtet, den die Kultur schreibt. So gesehen ließe sich der herrschenden Kultur nur dann etwas entgegensetzen, wenn man diesen Text dekonstruiert und einen neuen schafft. Und so präsentiert Donna Haraway das Konzept des Cyborg als Werkzeug, mit dessen Hilfe es ihr gelingt, eine neue Theorie des Körpers aufzustellen.

Haraway sieht im Cyborg das Sinnbild einer für Ambivalenz und Differenz offenen Zukunft, da bei ihm in einem Körper Mensch und Maschine zusammenwirken[102]. In ihrem *Manifest für Cyborgs* erklärt sie, wir hätten uns im späten 20. Jahrhundert »alle in Chimären verwandelt, theoretisierte und fabrizierte Hybriden aus Maschine und Organismus verwandelt, kurz wir sind Cyborgs«[103]. In Haraways Augen hat die Kategorie »Natur« keinen Sinn mehr. Daher müssten wir die Vermählung von Körper (dem Vertreter der Natur) und Maschine (Vertreter des technokulturellen Fortschritts) nicht fürchten, denn: »Die Cyborg überspringt die Stufe ursprünglicher Einheit, den Naturzustand im westlichen Sinn.«[104] Der / die Cyborg aber ist nicht nur modifizierter und ständig neu erfundener Körper, er / sie steht auch für die Möglichkeit, den Text aller beherrschten, ausgebeuteten »Natur«-Körper neu zu schreiben. Haraway vertritt dabei einen virulenten Poststrukturalismus. Sie geht davon aus, dass die symbolischen Systeme des Okzidents auf binären Oppositionen beruhen wie Körper / Seele, Materie / Geist, Gefühl / Vernunft und dass diese immer eine hierarchische Komponente enthielten – die Informatik der Herrschaft: Der erste Teil der dualistischen Doppelung wird dabei immer dem zweiten als unterlegen gedacht. Der / die Cyborg ist ihrer Ansicht nach die Lösung für dieses Problem, denn er führt zur Auflösung des »symbolischen Netzes, welches das abendländische Ich strukturiert«, da er jeden Dualismus in Frage stellt. »Die Cyborgs«, erklärt sie, »sind Geschöpfe in einer Post-Gender-Welt«[105], Wesen, die das Auslöschen der üblichen Körper- und Geschlechtergrenzen erlauben. So wird die Öffnung auf die Vielfalt, auf die Nicht-Determiniertheit möglich. Denn der Cyborg ist weder Mann noch Frau: Er ist ein Kunstwesen ohne klare Grenzen, imaginär, immateriell.

Ein anderes Beispiel für die Faszination, die das Thema Mensch-Maschine aktuell ausübt, sind die Filme von David Cronenberg. All seine Filme drehen sich um den transformierten Körper: Objekte, die ins Fleisch transplantiert werden; Maschinen, die man an Organe hängt; Organe, die zu Maschinen werden. Cronenberg setzt sich obsessiv mit dem menschlichen Körper auseinander, den er stets neuen Metamorphosen und Mutationen unterwirft: Ob nun in *Stereo* (1969), seinem ersten Langfilm, in *Spider* (2002) oder in *Parasiten-Mörder* (1975), wo die »Hauptfigur« ein Parasit ist und Körper auf die Rolle des Überträgers verschiedener Kontaminationen reduziert werden. Oder auch in *Rabid – Der brüllende Tod* (1977), wo die weibliche Hauptfigur nach einer Gewebetransplantation einen Stachel in der Achselhöhle entwickelt, mit dem sie Menschen aussaugen kann. Cronenbergs Ziel lässt sich vielleicht am besten mit einem Schlagwort aus seinem Film *Videodrome* (1983) umschreiben: »Lang lebe das neue Fleisch!« Dieser bezieht sich auf die Geburt des technischen Menschen. »Die einfachste Interpretation des ›neuen Fleischs‹«, meint Cronenberg, »ist zweifellos, sich vorzustellen, es sei möglich, das Menschsein auf körperlicher Ebene zu verändern.«[106] In dieser Hinsicht ist *Videodrome* einer der wichtigsten Filme des Regisseurs, denn dort zeigt sich, dass für ihn die Fusion zwischen Maschine, Geist und Körper längst unvermeidlich geworden ist. Max, die Hauptfigur, leitet einen kleinen Kabelfernsehsender, in dem er seinen Zuschauern schockierende Filme bietet, die es nirgendwo sonst zu sehen gibt. Eines Tages stößt er durch Zufall auf ein Videospiel namens »Videodrome«: Das Spiel hat keinerlei Geschichte, keine Hauptfigur und zeigt einfach nur eine Reihe von Morden und Folterszenen. Max lässt sich von dem Programm faszinieren, bis ihm Stück für Stück klar wird, dass »Videodrome« seinen Körper und seinen Geist verändert. »Spectacular Optical«, die Gesellschaft, die »Videodrome« produziert, ist eine politische Organisation, die mit dem Videospiel die Zuschauer manipulieren will. Max aber fällt vollkommen der durch das Spiel vermittelten Illusion anheim: dass er durch die physischen und psychischen Veränderungen, die es in ihm bewirkt, eine positive Entwicklung durchläuft: hin zum neuen Fleisch.

Doch ist das »neue Fleisch« wirklich ein Fortschritt oder nicht vielmehr ein Albtraum? Die Schlussszenen des Films sind diesbezüglich zweideutig: Max verfällt dem neuen Fleisch, der Cronenberg-Film schließt mit: »Lange lebe das neue Fleisch!«

Diesen Ruf stößt Max aus, als er sich in einer letzten, zerstörerischen Halluzination selbst entleibt. Aus dem Off erklingt eine weibliche Stimme: »Ich bin da, Max, um dich zu führen. Ich habe erlebt, dass der Tod nicht das Ende ist. Ich kann dir helfen. Du musst den Weg nur bis zum Ende gehen, bis zur totalen Transformation. Hab keine Angst, dass dein Körper stirbt. Komm zu mir, Max, komm zu Nicki. Sieh mal, ich werde dir zeigen, wie einfach es ist ...«

III. Der kleine Unterschied

Die Debatte zwischen Reduktionisten und Konstruktivisten wird radikaler, wenn man sich der Frage nach dem Unterschied zwischen den Geschlechtern zuwendet. Denn zum einen ist das Geschlecht des Kindes eine der ersten Angaben, die bei seiner Geburt offiziell registriert werden, zum anderen wird die klassische Einteilung der Menschen in Männer und Frauen seit Jahrzehnten immer wieder in Frage gestellt. Dabei kommt es häufig vor, dass Wissenschaftler nicht nur die gesellschaftliche Rollenzuschreibung nach Geschlechtern in Frage stellen, sondern das Geschlecht selbst als gesellschaftliches Konstrukt betrachten. Aber kann man den Geschlechterunterschied tatsächlich auf einen Unterschied in der gesellschaftlichen Rollenverteilung reduzieren? Und kann man andererseits die Differenz in der Rollenzuschreibung tatsächlich einzig auf biologische Kriterien gründen?

Voraussetzung für die Betrachtung von Männer- und Frauenrollen als bloßes Konstrukt wäre schließlich, dass diese Rollen keinerlei anatomischen Bezug besitzen. Das aber hieße, die »Realität« des Körpers vollkommen auszublenden. Wären Männer- und Frauenrollen andererseits eine schlichte biochemische Folge der anatomischen Unterschiede, würde man die Gesamtheit des gelebten Lebens leugnen und den Körper als »Gegebenheit der Natur«, als »unveränderliche Essenz« behandeln.

Genus und Sexus

Was bedeutet es, ein Mann zu sein? Oder eine Frau? Was macht unsere sexuelle Identität aus? Im Französischen bezeichnet der Begriff *sexe* traditionell nicht nur die biologische Identität (die Tatsache also, ob wir »Männchen« oder »Weibchen« sind), sondern auch die soziale Identität (die Persönlichkeitszüge, die dafür sorgen, dass wir von anderen als Frau oder Mann identifiziert werden)[107]. Im Englischen gibt es die Begriffe *gender* und *sex*. Gender steht für das implizite oder explizite Regelwerk, das die Beziehungen zwischen Männern und Frauen ordnet. *Sex* hingegen bezieht sich ausschließlich auf die biologischen Merkmale, die uns zu »Weibchen« oder »Männchen« machen.

Der Erste, der den Begriff *gender* verwendete, war 1955 der Psychologe John Money. Im Rahmen seiner Forschungsarbeiten über die Geschlechterzugehörigkeit benutzt er den Begriff für die psychische Dimension, die dazu führt, dass wir uns als Mann oder Frau fühlen. Der amerikanische Arzt ging davon aus, dass ein Kind, das als Mädchen erzogen wird, sich als Mädchen fühlt, während ein Kind, das als Junge erzogen wird, sich als Junge fühlt. Was natürlich zu erheblichen Problemen führt, wenn das Kind als Hermaphrodit zur Welt kommt, wenn die Geschlechtsorgane also nicht eindeutig ausgeprägt sind und man dem Kind ein Geschlecht »verordnet«, indem man es den nötigen hormonellen beziehungsweise chirurgischen Behandlungen unterzieht. Von da an wurde der Begriff *gender* zum soziologischen Begriff, der vor allem im Rahmen der *women studies*, der Frauenstudien der Siebzigerjahre, eine bedeutende Rolle spielte. Feministinnen stellten den Unterschied zwischen biologischem und sozialem Geschlecht stark heraus. Er diente ihnen als Argument gegen eine »naturalisierende« Sicht der Geschlechter, die im biologischen Geschlecht ein unabänderliches Faktum und Fatum erblickt. Doch im Rahmen der Bemühungen, die männliche Dominanz zu brechen und der Gleichberechtigung von Mann und Frau zum Durchbruch zu verhelfen, bildeten sich in den Neunzigerjahren radikale Gruppen, die die Idee von der Geschlechtergleichheit noch weiter trieben und neben den Unterschieden des sozialen auch die des biologischen Geschlechts tilgen wollten.

1990 veröffentlicht Judith Butler in den Vereinigten Staaten ein Buch, das einiges Aufsehen erregt: *Gender, Troubles, Feminism and the Politics of Subversion*[108]. Grundlage ihrer Arbeit ist das Bemühen, Geschlechterrollen und die damit verbundenen gesellschaftlichen Normen in ihrer historischen und politischen Dimension zu erkennen. Judith Butler geht davon aus, dass das soziale Geschlecht ein rein gesellschaftliches Konstrukt ist und dass es keine wie auch immer geartete Verbindung zwischen dem sozialen Geschlecht und der morphologischen Zugehörigkeit zum biologischen Geschlecht gibt. Das soziale und psychologische Geschlecht oder *gender* sei keineswegs ein essentiell unveränderliches Faktum, sondern Frucht steter Wiederholung alltäglicher Identifikationshandlungen, zu denen die Gesellschaft uns anhalte. Anfangs, so schreibt sie, sei das Individuum geschlechtlich noch nicht determiniert. Das ändere sich bald, weil die Gesellschaft uns im Laufe unseres Lebens dazu treibe, normierte Männer- und Frauenrollen zu spielen. »Ein Mann sein« oder »eine Frau sein« heißt für Butler also, die gesellschaftlich zugedachte Performanz als Mann oder Frau zu liefern: Die Gesamtheit der Handlungen, die ein Individuum ausführt, um seine sexuelle Identität auszudrücken, sind nur vorgefertigte Denkfiguren, die mit Hilfe körperlicher »Zeichen« aufrechterhalten werden. Aber was ist dann mit dem biologischen Geschlecht? Ist auch dies nur Frucht einer gesellschaftlichen Konstruktion? Oder ist es ein einfaches »Zeichen«?

Das aufgezwungene Geschlecht

Für Judith Butler ist auch das biologische Geschlecht nicht mehr als ein Konstrukt, ein politisches in der Hauptsache. Ihrer Ansicht nach impliziert allein der Begriff »Geschlecht« schon eine Macht-Option. Schon das Bestreben, ein Individuum (besonders deutlich im Falle der Intersexualität, wo die genetische, anatomische und hormonelle Geschlechtszugehörigkeit nicht eindeutig ist) einer bestimmten »sexuellen Klasse« zuzuordnen, ist in ihren Augen ein Gewaltakt. Für Butler steht fest, dass man uns das Geschlecht »aufzwingt«, wie man uns das Leben »aufzwingt«. Das Geschlecht wird also Vehikel für eine Reihe von normativen Absichten und Vorstellungen, mit denen das Individuum auf eine bestimmte körperliche oder fleischliche »Natur« reduziert wird, die sein Schicksal prägt.

Zur selben Denkschule gehören auch die Arbeiten von Monique Wittig, Beatriz Preciado und Marie-Hélène Bourcier[109]. Die Autorinnen rufen dazu auf, sich der Geschlechterzuordnung qua Biologie zu verweigern und sein eigenes soziales Geschlecht zu wählen. In *Sexpolitiques – Queer Zones 2* schreibt Marie-Hélène Bourcier, sie wolle »die Republik der *Straights* (weiß, männlich, heterosexuell) zum Walzertanzen bringen«. Sie beabsichtige einen Frontalangriff auf diese »brandheiße Zone, in der die Grenze zwischen Sexualitäten, Geschlechtern und Rassen im öffentlichen Raum verläuft«[110]. Sie versucht zu zeigen, dass es »nicht zwei Geschlechter gibt, sondern viele, dass diese Resultat zahlloser Konstruktionsakte sind, dass sie performativen Charakter haben, Imitationen ohne Original sind«. Was heißt, dass jedes Individuum seine Sexualität selbst schaffen und erfinden kann, original und unvergleichlich, dass es nicht zwei biologische und zwei soziale Geschlechter gibt, sondern eine Vielzahl von Wahlmöglichkeiten. Dies ist die Grundlage des *Queer*-Denkens, das den Konstruktivismus auf die Spitze treibt. Ursprünglich war der Begriff *queer* eine Beleidigung an die Adresse der Homosexuellen, die vom »geraden« (*straight*) Weg abweichen, ein Äquivalent zu »dreckiger Pädo« oder »Scheiß-Lesbe«.

Mittlerweile aber wurde der Begriff mehrfach uminterpretiert und erhielt so eine neue semantische Füllung. Zum einen durch die Homosexuellenszene, die den Begriff offensiv auf sich selbst anwendet, um ihr Recht auf eine »abweichende« Sexualität zu unterstreichen. Aber auch von Theoretikern der »Intersexualität« aufgenommen, die ihn zur Grundlage eines Denkens machen, das sich der »natürlichen« Zuweisung einer sexuellen

Identität sowohl in biologischer als auch in sozialer Hinsicht verweigert.

Als Teresa de Lauretis 1990 den Grundstein für die *queer theory* legte, wollte sie »Geschichte, Vorurteile und konzeptuelle Rahmenbedingungen, die die Selbstdarstellung nordamerikanischer Lesben und Schwuler, unabhängig von ihrer Hautfarbe, prägen, aufdecken, vergleichen und untersuchen«. Davon ausgehend bemühte sie sich, »die Grundlagen für eine Politik zu formulieren, die über alle Differenzen hinweg ein einheitliches Handeln ermöglicht, ja eine andere Möglichkeit, das Sexuelle zu denken«[111]. Heute bezieht der Begriff *queer* sich auf eine philosophische Praxis: die Dekonstruktion des Systems von biologischem beziehungsweise sozialem Geschlecht als Ausdruck von »Kontrasexualität«. Für Autorinnen wie Preciado und Bourcier macht es keinen Sinn, von der natürlichen Wahrheit des Körpers zu sprechen. Aus diesem Grund verurteilt die Queer-Bewegung auch Praktiken wie Pornografie, Prostitution oder Sadomasochismus nicht. Was natürlich gewisse ethische und politische Probleme mit sich bringt. Wie Sheila Jeffreys es in *Unpacking Queer Politics* (Was steckt hinter der Queer-Politik) so treffend darstellt, schreibt nämlich der angebliche Befreiungsdiskurs der Queer-Ideologie in Wirklichkeit die männliche Überlegenheit und das Dominanzprinzip in sexuellen Beziehungen fort. Indem sie Kategorien wie Sexualität und Geschlecht immer weiter relativiert (»Alles, was möglich ist, ist auch gut.«), fördert sie einen liberalistischen Individualismus, der mit politischer Gleichgültigkeit einhergeht. So wird diese Denkweise erneut zum Mechanismus weiblicher Unterdrückung, weil sie jeder Möglichkeit zuwiderläuft, Gewalt gegen

Frauen offenzulegen und ihr entgegenzuwirken. Ist es denn nicht zumindest paradox, das Weibliche gerade in dem Moment auslöschen zu wollen, in dem es endlich auf der Bühne der Macht-Worte und -Praktiken angekommen ist?

Von den physiologischen Funktionen zur Ökonomie der Triebe

Es gibt keinen menschlichen Körper, der nicht entweder als Mann oder als Frau identifiziert wird. Sobald es geboren ist, wird ein Kind entweder dem einen oder dem anderen Geschlecht zugeordnet, was klare Konsequenzen für seine persönliche Identität hat. Die Feministin Françoise Collin meint, dass die Zuordnung zu einem Geschlecht zugleich den Charakter einer organischen Feststellung und einer normativen Programmierung hat. Doch selbst wenn die sexuelle Zuordnung ein soziales Konstrukt ist, da das soziale Geschlecht eines Individuums von seiner Geburt an durch jene äußere Norm geformt wird, der man es aufgrund einer organischen Besonderheit unterwirft, heißt das dann auch, dass die Kategorie des Geschlechts ganz auf dieses Konstrukt reduziert werden kann?

Es liegt auf der Hand, dass jede biologistische Position, wenn sie die Merkmale des sozialen Geschlechts als schlichte Konsequenz des biologischen Geschlechts begreift, ausgesprochen problematisch ist. Unter anderem, weil das, was man biologisches Geschlecht nennt, gar nicht so eindeutig identifizierbar ist. Heutzutage führt man als Kriterien für die biologische Geschlechterzugehörigkeit meist an: die Chromosomen (XX bei der Frau, XY beim Mann), die Geschlechtsorgane (Vagina bei der Frau, Penis beim Mann) und die Hormone (hoher Östrogenspiegel bei Frauen, hoher Testosteronspiegel beim Mann). Doch es gibt Merkmale, die die scheinbar so eindeutigen Grenzen wieder verschwimmen lassen. So haben manche Männer zwei X-Chromosomen und manche Frauen ein Y-Chromosom. Und es gibt durchaus Menschen – Männer und Frauen –, die mit nicht eindeutig ausgeprägten Geschlechtsorganen zur Welt kommen.

Der entscheidende Punkt hier ist, dass der »biologische Körper« uns zwar Probleme bereitet, doch dass es andererseits eine körperliche Realität gibt, die wir nicht außer Acht lassen können: Der Körper ist seiner nicht vollkommen mächtig. Wie die Psychoanalyse gezeigt hat, gibt es enge Bande zwischen den Körperfunktionen und der Trieb-Ökonomie eines Individuums. So setzt der »erotische Körper« den »biologischen Körper« voraus: »Zwischen den Körpern besteht ein Verhältnis der wechselseitigen Hervorbringung. Der erotische Körper entsteht aus dem Erworbenen und wird auf der Grundlage des biologischen Körpers konstruiert, der wiederum dem Angeborenen zuzurechnen ist.«[112] Natürlich setzt die Entstehung des erotischen Körpers bei den körperlichen Bemühungen der Eltern um das Kind ein. Doch nichtsdestotrotz ist der Ausgangspunkt dafür der biologische Körper. »Das Leben, das sich im und durch den Körper manifestiert, wird nicht immateriell erfahrbar, wenn der biologische Körper weg ist.«[113] Daher begründet die psychoanalytische Entdeckung des erogenen Körpers eine Art neuer »Archäologie des Körpers«[114], die den Körper gleichzeitig als Symbol des menschlichen Lebens nimmt und als Ausdruck der Person. Wie schreibt Freud: »Das Ich ist vor allem ein körperliches, es ist nicht nur ein Oberflächenwesen, sondern selbst die Projektion einer Oberfläche.«[115]

Tag für Tag steht das Individuum vor schwierigen Entscheidungen. Vor diesem Hintergrund macht jeder von uns die Erfahrung seiner Körperlichkeit. Der reale Körper mit seinen Lüsten und Empfindungen ist also zum einen eine grundlegende Kategorie, die sich dem Körper als Text entgegenstellt, zum anderen ist er Resultat der Analyse jener Erfahrung, die jeder von seinem Körper macht. »Dieser gordische Knoten findet erst dann seine Lösung, wenn der Körper re-naturalisiert und der Dichotomie Natur / Kultur entzogen wird. Wir brauchen ein neues Modell des Körpers, der Natur und Kultur gleichermaßen verpflichtet, das den biologischen, determinierten Körper ebenso überflügelt wie den poststrukturalistischen, von der Kultur konstruierten.«[116]

VERWERFUNG UND VERDINGLICHUNG: DIE DUNKLEN SEITEN DER MATERIE

Gehen oder bleiben, fragt sich Santosh, der junge Inder in der Novelle von V. S. Naipaul, der weit weg von Bombay ist, in Washington, einer Stadt, deren Gesetze und Codes er nicht kennt. Santosh versucht, mit seinem dislozierten Körper leben zu lernen. Er vermisst die mystische Verschmelzung mit der Natur, die er in seinem Land kannte, und fühlt sich in dem neuen Umfeld als Körper-Objekt, das ernährt und gekleidet werden muss: »Früher einmal war ich ein Teil des Stroms, ich empfand mich nie als ein selbstständiges Wesen. Dann blickte ich in den Spiegel und beschloss, frei zu sein. Das Einzige, was meine Freiheit mir eingebracht hat, ist das Wissen, dass ich ein Gesicht und einen Körper habe und dass ich diesen Körper für eine gewisse Anzahl von Jahren ernähren und kleiden muss. Dann ist alles vorbei.«[117] Der aus seiner Kultur herausgerissene Santosh begreift nicht, wie er sich in einem Körper frei fühlen soll, der ihm gehört (und nicht mehr mit dem Kosmos verbunden ist), ohne sich von den materiellen Anforderungen, die sein biologischer Körper an ihn stellt, überwältigt zu fühlen. Sein Problem ist, dass er lernen muss, mit seinem Körper und seiner Materialität zurechtzukommen, ohne sich darauf reduzieren zu lassen. Begreifen, dass sein Körper ihn der Realität des Menschseins mit all ihren Begrenzungen unterwirft, doch dass er innerhalb dieser Begrenzungen durchaus er selbst sein kann.

I. Der Körper als das »Abjekte«

Der Körper ist das Wahrzeichen unserer Endlichkeit. In gewisser Weise verweist er uns auf all das, was wir nicht sein wollen: auf Zerbrechlichkeit, Schwäche, Grenzen, Krankheit, Tod. Er ist ein materielles Objekt, das Substanzen wie Schweiß, Ausscheidungen, Exkremente absondert, das uns an unsere Instinkte, unsere Angst kettet, das uns in das Gefängnis der Welt verbannt. Er ist von »niederer Natur«, »fremd«, »verächtlich«. »Mein ganzer Ärger kommt nur von diesem Klumpen Fleisch, der an mir geklebt hat, seit ich klein war«, schreibt Amos Oz in *Allein das Meer*. »Er hat mir nie was Gutes eingebracht [...] Wenn ich nur ohne ihn durch die Stadt gehen könnte, dann wäre alles so leicht [...] Ich müsste nicht mehr schlafen und atmen und rauchen.«[118]

Von lateinisch *abiectus* (vom Verb *abicere*, »abwerfen«) leitet sich der französische Begriff *abjection* für den Begriff der Verwerfung ab. Das Abjekte, Verworfene, ist das, was uns Ekel einflößt, was wir verachten. Das Abjekte löst aber auch oft Angst und Schrecken aus. Es ruft Vorstellungen von Befleckung, Abschaum und Unreinheit hervor. Nicht umsonst werden ebendiese Begriffe häufig auf den Körper angewendet. Das Wort »rein« verweist im Gegensatz zum »Unreinen« auf alles, was sauber, makellos, untadelig ist. Vorstellungen von Reinheit werden mit der Seele und dem Geist verbunden, der abstrakten Erkenntnis, dem Reich des Idealen. Die Anwendungsmöglichkeiten des Begriffes sind nahezu unbegrenzt, doch wie er auch gebraucht wird, er ruft stets eine Hierarchie auf, in der das Reine *per definitionem* über dem Unreinen steht.

In der Idee von der Reinheit steckt die Ablehnung all dessen, was materiell, vergänglich, unrein ist. Der Körper aber ist das Unreine schlechthin – weil er dem Tod geweiht ist, der Verwesung, aber auch weil er das Unreine aufnimmt, verdaut, assimiliert, ausstößt und absondert. »Die befleckenden Objekte kommen aus den Körperöffnungen, die wie Koordinaten das Territorium des Körpers aufteilen und konstituieren«, schreibt Julia Kristeva, »und sie lassen sich schematisch in zwei Gruppen einteilen: Exkremente und Menstruationsblut. [...] Das Exkrement und seine Äquivalente (Fäulnis, Infektion, Krankheit, Kadaver etc.) stehen für die Gefahr, die von außerhalb der Identität rührt: das Ich, das vom Nicht-Ich bedroht wird, die Gesellschaft, deren Bedrohung von außen kommt, das Leben, das vom Tod bedroht wird. Das Menstruationsblut aber steht für die Gefahr, die der Identität aus dem Inneren erwächst.«

Der Körper hat also mit Befleckungen zu kämpfen, mit Substanzen, die er ausscheiden und kontrollieren muss, damit sie nicht an falscher Stelle auftauchen, damit sie das Subjekt innerhalb seiner Grenzen nicht bedrohen. Doch der Feind kommt auch von außen, und zwar in Gestalt von Unreinheiten, die ihn das Fürchten lehren und die die Integrität des Individuums beschädigen können. Aus diesem Grund entstehen Regelwerke, die dazu dienen, uns vor dem Unreinen zu »schützen«, ob es sich nun um unreine Nahrung, um Krankheiten oder um Leichen handelt.

Schon die Bibel weist darauf hin, dass Reines vom Unreinen zu trennen sei. Vor allem im 3. Buch Mose, wo dem jüdischen Volk eine Reihe von Verboten auferlegt wird. So ist beispielsweise unrein alles, was aus den Körperöffnungen kommt:

»Wenn ein Mann an seinem Fleisch einen Fluss hat, derselbe ist unrein.« (3. Mose 15,2)[119] Auch das Menstruationsblut: »Wenn ein Weib ihres Leibes Blutfluss hat, die soll sieben Tage unrein geachtet werden. Wer sie anrührt, der wird unrein sein bis auf den Abend.« (3. Mose 15,19)[120] Doch auch der Körper in seiner Ganzheit ist unrein, vor allem, wenn das Leben aus ihm gewichen ist und er zum Leichnam wird: »Wer nun irgendeinen toten Menschen anrührt, der wird sieben Tage unrein sein.« (4. Mose 19, 11)[121] Und: »Wenn aber jemand irgendeinen toten Menschen anrührt und sich nicht entsündigen wollte, der verunreinigt die Wohnung des Herrn, und solche Seele soll ausgerottet werden aus Israel. Darum dass das Sprengwasser nicht über ihn gesprenget ist, so ist er unrein. Seine Unreinigkeit bleibt an ihm.« (4. Mose 19, 13)[122] Daher entstehen gerade in der jüdischen Tradition zahlreiche Riten, die das Unreine wieder rein machen sollen. In der Tora wie im Talmud sind die Hauptquellen der Unreinheit der Leichnam, die Lepra und die sexuellen Sekrete. Der Kontakt mit einem Leichnam oder auch nur dessen Anwesenheit bringt den höchsten Grad an Unreinheit mit sich, der auf andere Personen oder Objekte, vor allem Nahrungsmittel, übertragen werden kann. Alle Gegenstände können davon unrein werden mit Ausnahme von solchen aus Stein oder nicht gebranntem Ton. Ein Rabbinerurteil verfügt, dass auch Gegenstände aus Holz oder Bein davon nicht betroffen sind.

Das Christentum wird später die Dichotomie rein / unrein durch die Opposition »innen«/»außen« neu interpretieren: »Was zum Mund eingeht, das verunreinigt den Menschen nicht; sondern was zum Munde ausgeht, das verunreinigt den Menschen«, heißt es bei Matthäus. (Matt 15, 11)[123] Weiter unten fügt er hinzu: »Merket ihr noch nicht, dass alles, was zum Munde eingeht, das geht in den Bauch und wird durch den natürlichen Gang ausgeworfen? Was aber zum Munde herausgeht, das kommt aus dem Herzen, und das verunreinigt den Menschen.« (Matt 15, 17–18)[124] Das Gespenst der körperlichen Unreinheit bleibt dem menschlichen Geist noch lange erhalten, und so gelangt er zu der Auffassung, dass der Körper verwerflich und gefährlich ist, eben »von niederer Natur«.

II. Die Reduktion des Menschen auf seinen Körper

Im Allgemeinen will der Mensch nicht auf seinen »verwerflichen« Körper reduziert werden. Im Allgemeinen versucht er, so weit als möglich von ihm abzurücken und seine Materialität in irgendeiner Form zu sublimieren. Daher wissen die Folterknechte aller totalitären Regime sehr gut, was sie zu tun haben: Wenn sie den Menschen beherrschen, unterwerfen, vernichten wollen, müssen sie ihn auf seine Körperlichkeit reduzieren, ihn an dessen Bedürfnisse ketten, verhindern, dass er überhaupt zum Denken kommt. Extremer Schmerz, Müdigkeit, Hunger, Schlafmangel schwächen nicht nur den Körper, sondern den Menschen als Ganzes. Der gemarterte Körper schiebt sich in den Vordergrund und verdrängt alles andere, bis es darüber hinaus nichts mehr gibt. Bis nur noch das körperliche Leiden zählt. Dies ist die Erfahrung, die alle Gefangenen der Konzentrationslager machen mussten. Dies ist die Tragik der Shoah.

Das Körperding

1947, zwei Jahre nach seiner Rückkehr aus Auschwitz, veröffentlicht Primo Levi die erschütternde Geschichte seiner Gefangenschaft. Das Bedürfnis, sie anderen zu erzählen, ist zu stark, der Wille, die anderen daran teilhaben zu lassen, macht das Erzählen zur Notwendigkeit. Die Geschichte wird in Bruchstücken erzählt, der rote Faden wird den Impulsen des Erzählers überlassen. Nun wird die erlittene, hingenommene Gewalt Erinnerung zur inneren Befreiung. Mit der Niederschrift will Primo Levi seine Würde, seine Integrität zurückgewinnen. Es geht letztlich um die Frage, ob der, »der schuftet im Schlamm«, »der Frieden nicht kennt« und »der stirbt auf ein Ja oder Nein«[125], noch ein Mensch ist.

Levi kommt 1944 in Auschwitz an, mit weiteren 650 »Stück«, wie die Gefangenen bezeichnet werden. Die Deutschen rufen zum Appell. Mit einer absurden Genauigkeit, an die sich früher oder später alle Welt gewöhnt. Er wird wie Vieh behandelt, muss Befehlen gehorchen, wird geschlagen. Man schlägt ihn »ohne Zorn«. Ausgelöscht wird dort ohne jeden Grund. Alles ist absurd. Nichts hat mehr einen Sinn. Ein »Wieso« oder »Warum« hat im Lager keinen Platz: »Durstig, wie ich bin, sehe ich vor dem Fenster in Reichweite einen schönen Eiszapfen hängen. Ich öffne das Fenster und mache den Eiszapfen ab, doch gleich kommt ein großer und kräftiger Kerl, der draußen herumging, und reißt ihn mir mit Gewalt aus der Hand. ›Warum?‹, frage ich in meinem beschränkten Deutsch. ›Hier ist kein Warum‹, gibt er mir zur Antwort und stößt mich zurück.«[126]

Das Wort, das er dort immer wieder hört, ist »Schnell!«. Vom Moment ihrer Ankunft an werden die Gefangenen gehetzt bis zur totalen körperlichen und seelischen Erschöpfung. Alles Sinnstiftende, alle Bindungen werden sukzessive zerstört. Die Männer werden von den Frauen getrennt, die Frauen von den Kindern. Alle werden ihrer persönlichen Sachen beraubt. Einer ausgeklügelten Methodik folgend, die mehr und mehr alle inter- und intrasubjektiven Bindungen auslöscht. Der erste Schritt der SS ist es, die Gefangenen von den »Ihren« zu isolieren, sie wild durcheinander aufs Lager aufzuteilen. »Solcherart, in einem Augenblick, meuchlings, vergingen unsere Frauen, Eltern, Kinder. So gut wie keiner hatte die Möglichkeit, sich von ihnen zu verabschieden. Wir sahen sie noch eine Weile als dunkle Masse am anderen Ende des Bahnsteigs stehen, dann sahen wir nichts mehr.«[127] Die Trennung von den Angehörigen ist brutal. Sich nicht einmal von ihnen verabschieden zu können zerreißt die Zurückbleibenden fast. Mit dem Gefühl der Ohnmacht, der Nutzlosigkeit, des Ausgelöschtseins bleiben sie zurück. Dann folgt der zweite Schritt: die Entpersönlichung, die Anonymisierung. Die Gefangenen werden durchweg kahlgeschoren. Sie erhalten alle denselben Anzug. Alle haben sie denselben leeren Blick. Nichts gehört ihnen mehr, nicht einmal mehr ihr Name. Sie lernen schnell, dass sie nun die Nummer sind, die ihnen aufs Handgelenk tätowiert wird. Wie soll man sich selbst nicht verlieren, wenn man alles verloren hat?[128]

Die Häftlinge werden zu »Dingen« reduziert. Sie sind Gefangene eines Systems, das sich ihre Entmenschlichung zum Ziel gesetzt hat. Der Körper wird zur Geisel seiner Schwächen und seiner Verletzlichkeit: Hunger, Durst, Erschöpfung, Krankheit. Die Mangelernährung, die fehlende Hygiene, der Geruch der verwesenden Leichen, der Rauch der Krematoriumsöfen, die

Kälte, die Zwangsarbeit ... alles ist nur dazu da, ihren Widerstand, ihren Willen zu brechen. Die Erfahrung ist so extrem, dass Worte nicht ausreichen, um die Grausamkeit zu beschreiben, der sie Tag für Tag ausgesetzt sind: »Wir sagen ›Hunger‹, wir sagen ›Müdigkeit‹, ›Angst‹ und ›Schmerz‹, wir sagen ›Winter‹, und das sind andere Dinge. Denn es sind freie Worte, geschaffen und benutzt von freien Menschen, die Freud und Leid in ihrem Zuhause erlebten. Hätten die Lager länger bestanden, wäre eine neue, harte Sprache geboren worden; man braucht sie einfach, um erklären zu können, was das ist, sich den ganzen Tag abzuschinden in Wind und Frost.«[129]

Zur Marionette degradiert, über deren Leben oder Sterben mit einem Fingerschnipsen entschieden wird, empfindet der Gefangene sich als an seinen verdinglichten Körper gefesselt und gedemütigt. Der schwache, ausgemergelte und kranke Körper wird zum Objekt von Witzen und beißendem Sarkasmus. Die Gefangenen können sich nicht wehren, sie können sich nicht verhüllen. Ihr Körper ist nicht länger mehr ihr eigener, er ist fremd geworden: »Mein ganzes Streben zielte nur noch auf meinen täglichen Teller Suppe, auf meinen Kanten altbackenes Brot hin. Brot, Suppe – das war mein Leben, nicht mehr. Ich war nur noch ein Körper. Vielleicht noch weniger: ein hungriger Magen. Nur der Magen fühlt die Zeit verstreichen.«[130]

Auslöschung der Identität

Das Lager überschreibt die Identität der Gefangenen. Sie, die ständig »sichtbar« sind, ständig »zur Verfügung stehen«, haben ihrerseits nicht das Recht, zu sehen und zu betrachten: Den Blick der Folterknechte zu kreuzen, sie gar anzusprechen ist strikt verboten: »Auf der anderen Seite hatte niemand durch sein Gesicht der SS gegenüber etwas auszudrücken, das der Beginn eines Dialogs hätte sein können und auf dem Gesicht des jeweiligen SS-Mannes etwas anderes hätte hervorrufen können als diese ständige und für uns alle gleiche Ablehnung. Da also ein Gesicht in unseren Beziehungen zur SS nicht nur unnötig war, sondern ungewollt sogar gefährlich werden konnte, war jeder von uns bemüht, von sich aus sein eigenes Gesicht zu verleugnen, womit wir uns in Übereinstimmung mit der SS befanden.«[131] »Inspiziert« wie Labortiere dürfen sie ihrerseits keinen Blick haben, der die Welt um sie herum erfassen könnte, sie dürfen nichts aktiv ansehen, müssen immer auf der Hut sein, sich schützen. Der Blick der SS aber ist verletzend und tödlich wie der Blick der Medusa, der versteinert, blendet, lähmt und tötet. Das Ziel der SS-Männer ist es, die Gefangenen zur Annahme ihres Ausgelöschtseins zu bewegen. Und nicht selten schaffen sie das auch. Denn, so Bruno Bettelheim, der Gefangene, der sich von der SS dominieren lässt, und zwar nicht nur physisch, sondern auch seelisch, fängt an, ihren Blick zu verinnerlichen und glaubt am Ende selbst, dass er »kein Mensch sei, dass er nicht in eigenem Namen handeln dürfe, dass er keinen eigenen Willen besitze«[132].

Die Selbstentsagung setzt sich fort, befeuert von Drohungen und Angst. Männer und Frauen unterwerfen sich immer stärker der Aneinanderreihung von Kompromissen, die ihnen jede Möglichkeit nimmt, dem infernalischen Mechanismus zu entkommen, bis sie am Ende schließlich ihren Status als »Sache«

einfach akzeptieren. Was den Teufelskreis der Entmenschlichung nur weiter anheizt. Was Franz Stangl bestätigt, der Lagerkommandant von Sobibor war, als die Journalistin Gitta Sereny ihn fragt, welcher Unterschied zwischen reinem Hass und der Verachtung bestehe, die darin liegt, Menschen zynisch als »Ware« zu betrachten: »Sie waren so schwach! Sie ließen alles mit sich geschehen. Es waren Leute, mit denen man nichts mehr gemein hatte, keine Möglichkeit der Verständigung – daraus entsteht Verachtung.«[133]

III. Ein Körper ohne Seele

Aber es gibt noch andere Methoden, den Menschen auf seine Materialität zu reduzieren, als die schlichte Entmenschlichung, wie die Philosophie des Marquis de Sade dies zeigt. Der Freiheitsverliebte, der politisch jede Form von Eigentum am Anderen ablehnte, war, was seine persönliche Freiheit anging, weniger zimperlich: Diese, so schrieb er, bestünde darin, von jeglichem Menschen die vollkommene Unterwerfung zu verlangen. Und so ist in seinem Gedankengebäude zwar jeder Mensch vor der Natur gleich, vor der Gesellschaft aber gilt, dass der Libertin, eine Art unverwundbarer Heros, den Regeln, die für gewöhnliche Menschen gelten, nicht unterworfen ist. Denn der Libertin habe, so Sade, begriffen, dass hinter dem Deckmäntelchen der Gesellschaft letzlich die Natur herrsche, eine blinde und brutale Macht.

Die Sexualität sei ein Überschießen ebendieser Energie. Alles sei Teil der Natur: Lust, Schmerz, das Zufügen von Schmerz.

Der Naturmensch, wie Sade ihn sieht, hat anders als bei Rousseau keinen sozialen Instinkt mehr. Der Rousseau'sche Naturmensch ist durchaus des Mitleids fähig, weil er sich mit seinem Mitmenschen identifizieren kann. In Sades Vorstellung aber sind die Menschen einander feind und befinden sich in ständigem Zwist: »Was gehen mich die Leiden der anderen an! Habe ich nicht an meinen eigenen genug, um mich noch mit fremden zu belasten! Lasst den Herd dieser Empfindungsfähigkeit nur für unsere Lust entflammen! Seien wir empfindsam für alles, was ihr dient, und unerbittlich allem anderen gegenüber! Aus einer solchen seelischen Einstellung ergibt sich eine Art Grausamkeit, die manchmal nicht ohne Reiz ist«, schreibt er in *Die Philosophie im Boudoir*[134]. Und fügt weiter unten noch hinzu: »Grausamkeit ist nichts anderes als die Antriebskraft des noch nicht von der Zivilisation verfälschten Menschen.«[135]

Die Qual des Daseins

Die Prinzipien, die sich im Werk des Marquis de Sade zeigen, sind letztlich recht simpel. Für Sade sind vor dem Antlitz der Natur alle Menschen gleich. Andererseits herrscht zwischen den Figuren seiner Werke eine starke Asymmetrie: Die Energie der Libertins stellt diese über die Menge. Sade billigt ihnen eine Herrschaftsgewalt zu, die in der Auslöschung der anderen gipfelt. So gibt es einerseits nichts, was den Libertin nötigt, sich für andere und deren Leben hinzuopfern, andererseits hat er das Recht, über die anderen so zu verfügen, dass er daraus ein Maximum an Glück und Befriedigung ziehen kann[136]. So wird aus der Freiheit des Einzelnen die Freiheit, über den anderen zu verfügen und ihn zu zwingen, sich den Wünschen des Libertins zu unterwerfen.

Sade billigt zwar allen Menschen Gleichheit zu, der Status als »Mensch« aber bleibt in seinem Universum einigen wenigen allmächtigen Individuen vorbehalten, die gewöhnlich einer privilegierten Klasse angehören: Könige, Herzöge, Fürsten und so weiter, die sich gleichermaßen durch Gefühllosigkeit auszeichnen wie durch ihr Streben, all ihre Wünsche zu befriedigen. Der kategorische Imperativ Kants, der dazu aufruft, seinen Mitmenschen immer als Zweck, niemals als Mittel zu betrachten, wird bei Sade zum Imperativ des Genusses: »Ich habe das Recht, deinen Körper zu genießen, [...] und ich werde von diesem Recht Gebrauch machen, ohne dass irgendeine Schranke mich daran hindern könnte, diesen Lustzoll nach Belieben zu erpressen.«[137]

Und auch wenn man den Eindruck hat, an Streitgesprächen zwischen den Libertins und ihren Opfern teilzuhaben, so ist es in Wirklichkeit doch immer nur die Stimme des Libertins, die daraus erklingt. So scheint Sade zwar seine Philosophie erklären zu wollen: »Ich weiß wohl, dass unendlich viele Dummköpfe, die sich nie ihrer Empfindungen bewusst werden, die Philosophie, die ich entwickelt habe, kaum verstehen.«[138] Am Ende aber rechtfertigt er nur die Verbindung von Sexualität und Herrschaft, von Macht und Männlichkeit: »Es gibt keinen Mann, der nicht Tyrann sein wollte, wenn er spannt.«[139] Wo in Kants Vorstellung die Beziehung zum anderen von Respekt geprägt ist, da jeder Mensch eine Würde besitzt, die ihn von jenen unterscheiden, die nur einen Preis haben, so ist es bei Sade ganz im Gegenteil die Gewalt, die die menschlichen Beziehungen prägt: Der Libertin demütigt und foltert sein Opfer im Namen seiner eigenen Lust und ohne Rücksicht auf sein Leid oder seine Würde: »Der Sadismus«, schreibt Lacan, »weist die Qual des Daseins ab auf den Anderen.«[140]

Ein eisiger Blick

Der Blick, den Sade auf die Menschen und ihren Körper richtet, ist stets eisig. Obwohl Verben, die mit Berührung zu tun haben, bei ihm häufig sind (anfassen, drücken, betasten), mündet doch jede körperliche Berührung ins Geräusch des Schlagens oder Reißens. Und obwohl er seinen Blick ständig auf den Körper richtet, tut er dies doch nur, um ihn zum Objekt, zum Gegenstand der Herrschaft zu machen. Die Folter, die Körperhaltungen, die man den Opfern in *Justine* oder *Die 120 Tage von Sodom* aufzwingt, etablieren ein Modell menschlicher Beziehungen, das auf Fließband- und Akkordarbeit verweist. Jedes Glied, jeder Nerv wird mit der eiskalten Leidenschaft eines Unbeteiligten verdreht oder zerfetzt. Der Leib ist nicht mehr als eine Ansammlung von Einzelteilen, mechanisch zusammengesetzt. Der Körper bei Sade ist ein Körper, der seiner selbst beraubt ist, dem fremden Blick ausgesetzt, ausgeliefert dem Genussstreben eines anderen. Ein Körper, der unverzüglich zu erscheinen hat. Ein Körper ohne Recht auf Scham, auf Schutz, auf Achtung. »Nun, schöne Eugénie, machen Sie es sich bequem ... Scham ist eine altmodische Tugend, deren Sie, bei solchen Reizen, ohne weiteres entraten können.«[141] Alles muss sichtbar sein, damit der Libertin »alles sehen«, »alles beherrschen« kann. Es ist also nicht weiter erstaunlich, dass an einem bestimmten Punkt von Juliette die Körper zu Dekorationsobjekten, zu Möbeln werden. »Die Möbel, die ihr hier seht, sind lebend. Sie setzen sich auf das kleinste Zeichen in Bewegung.«[142]

Sade deutet also nicht nur die Worte des Propheten Jeremia um und macht aus der Zuflucht, die jeder Mensch im »Gott allen Fleisches« (Jeremia 32,27) findet, den simplen Kontakt nackter Haut. Er reduziert Menschen zu Gegenständen, die er nach seinem Willen herumschiebt und nach seinen Wünschen benutzt. Die Frauen sind Dekorationsobjekte. Ihr Fleisch ist nur Stoff. Ihre Person ist ein Instrument im Dienste der Lust. Sade demütigt den Körper: Jeder nimmt auf diesem Fließband den ihm gebührenden Platz ein, jeder wird dorthin geschickt, wo gerade etwas fehlt.

Am besten lässt sich Sades Vorstellung vom Menschen und seinem Körper aus *Die 120 Tage von Sodom* ablesen. Die Opfer werden in ein abgelegenes Schloss im Schwarzwald eingeschlossen. Als alle angekommen sind, lässt einer der Libertins, Durcet, die Brücke zerstören und alle Tore zumauern. »Die Sade'sche Abgeschlossenheit«, schreibt Roland Barthes, »ist erbarmungslos. Das hat eine doppelte Funktion. Zunächst natürlich die, zu isolieren, die Unzucht vor den Augen der Welt und ihren Bestrafungen zu verbergen; [...] Die Abgeschlossenheit des Sade'schen Ortes hat noch eine andere Funktion: sie ist Bedingung für eine gesellschaftliche Autarkie. Nachdem die Libertins erst einmal eingeschlossen sind, geben sie mit ihren Gehilfen und Lustobjekten eine vollständige Gesellschaft ab mit einem Wirtschaftssystem, einer Moral, einer Sprache und einer nach Stundenplan, Arbeiten und Festen gegliederten Zeit.«[143] Letztlich exerziert Sade damit den Traum von der absoluten

Herrschaft des Grundherrn durch, die durch das Aufkommen des Absolutismus unmöglich gemacht wurde.

Dann wird der Leser mit den Regeln dieser Gesellschaft vertraut gemacht, aufgestellt von den Organisatoren der Orgie, »damit die Wollust durch das Anwachsen einer Begierde unaufhörlich entflammt, aber niemals gesättigt werde«[144]. Der Koitus ist nur innerhalb der Gruppe gestattet. Die Protagonisten, die sich einander in komplizierten Posen zugesellen, die im Einzelnen beschrieben werden, sind Männer, Frauen, Kinder, alte Leute, Mütter, Töchter, Väter, Söhne, Edelmänner, Verbrecher, Nonnen und Huren. Alles vermengt sich unterschiedslos. Das Angebot reicht von der Sodomie bis zum Inzest und zur Leichenschändung. Ziel ist es, alle zu Exkrementen zu reduzieren. Wie Bach und Schwartz gezeigt haben, wird bei Sade »die menschliche Physiognomie in ihrer Gänze zum Teilchenpuzzle gemacht, das auf derselben Stufe steht wie die Nahrung oder die produzierten Exkremente, absolut austauschbar«[145]. Und all dies nach Regeln, die nach Ausschließlichkeit und Umkehrbarkeit streben: »Die größtmögliche Anzahl der Stellungen muss gleichzeitig ausgeführt werden; und [...] dass bei jedem Lustobjekt alle Körperstellen erotisch ausgefüllt werden.«[146] Keiner der Protagonisten soll unbeschäftigt bleiben. Die Körper müssen gesättigt sein. Jede Figur muss umkehrbar sein, die jungen Männer treten an die Stelle junger Mädchen und umgekehrt. Mit Ausnahme des Libertins natürlich, der das Monopol aufs Martern besitzt, ohne ihm seinerseits unterzogen zu werden. Vor allem die Frauen sind, wenn sie nicht Schülerinnen der Libertins oder selbst Verbrecherinnen sind (Juliette, Delbène, die »historiennes«, welche Geschichten von unglaublichen Ausschweifungen erzählen, um die Libertins zu erquicken) Gegenstand einer grenzenlosen Verachtung: »Bedenket, dass wir euch durchaus nicht als menschliche Kreaturen betrachten«, heißt es in der Ansprache der Libertins, »sondern lediglich als Tiere, die man für den Dienst, den man von ihnen erwartet, ernährt, die man jedoch vertilgt, wenn sie diesen Dienst verweigern.«[147]

Die Weiblichkeit der Frau wird ausgelöscht. Von den Frauen wird nur die anale Öffnung gebraucht, mehr nicht. Das weibliche Geschlechtsorgan wird dagegen zum Gegenstand des Ekels erklärt: »Bietet euch im Allgemeinen immer möglichst wenig von vorne an, denkt daran, dass diese verpestete Partie, welche die Natur in einem Augenblick der Unvernunft geschaffen hat, immer diejenige ist, die uns am ehesten abstößt.«[148]

Der zerstückelte Körper

In der mechanischen Beschreibung der Begattungsakte wird Sade wortreich, er peitscht die Sprache auf, damit sie »alles sagt«. So wenig er sich für Gesichter interessiert (Die Libertins haben immer ein hübsches Gesicht und einen frischen Atem; die Opfer werden auf abstrakte Weise beschrieben, wie Barthes sagt: »rhetorisch«.) und für Landschaften schon gar nicht, so wortreich wird sein Redeschwall, wenn es um »das Eigentliche« geht: Er will alles sagen, alles zeigen, alles erklären. Der Körper wird geradezu seziert, wird fortgesetzt in seine Einzelteile zerlegt, sodass er seine Einheit verliert: »Der Körper als Ganzes ist außerhalb der Sprache, nur Körperteile können in den Schreibprozess eingehen. Um einen Körper sichtbar machen zu können, muss man ihn entweder verlagern, in der Metonymie seiner Kleidung brechen oder auf einen seiner Teile reduzieren.«[149] Und so verschwindet der Mensch vollkommen von der Bildfläche und macht Platz für seinen Körper, der weitgehend auf seine Öffnungen reduziert wird: »Organisches Material, das sich mit seinen Ausscheidungen und seinem Blut mischt, Fleisch und bald Inhalt eines Massengrabes. Eine logische Konsequenz: radikale Entmenschlichung der Opfer, die zur Teilnahme an dieser morbiden Inszenierung gezwungen wurden.«[150]

Das Ganze mit einer nahezu zwanghaften Ordnung, die sexuelle Erlebnisse methodisch aneinanderreiht. Daher taucht in den Texten Sades immer wieder das Vokabular der Inszenierung auf: Eine »Entladung wird gestaltet«, »eine Szene wird dargeboten«, die Gruppe »wird angeordnet« oder man schafft »das neueste und libertinste Bild«[151].

Was bei Sade inszeniert wird, ist eine Welt, in der niemand sich auch nur den Hauch eines Gedankens darüber macht, was in der Person vorgeht, die Opfer des Gewaltakts wird, weil diese Person zum Objekt degradiert wurde. So gesehen ist die Welt Sades »pervers« im Sinne von Deleuze, eine Welt ohne das Andere, die der Philosoph im Vorwort zu Michel Tourniers Roman *Freitag oder im Schoß des Pazifik* beschreibt. Deleuze zeigt dabei, dass die Beziehung zwischen Robinson und Freitag kein Band zwischen zwei Menschen ist. Vielmehr wird hier eine Beziehung dargestellt, in der die »Struktur des Anderen« gar nicht vorhanden ist. Robinson löst diese Struktur sukzessive auf, indem er sich auf seine »innere Insel« zurückzieht. Als er Freitag begegnet, ist er für ihn nicht mehr »der Andere«: »Freitag funktioniert nicht wie ein wiedergefundenes Anderes. Es ist zu spät, die Struktur des Anderen ist verloren. Daher wird Freitag fallweise zum ungewöhnlichen Objekt, fallweise zum komplizenhaften Fremden.«[152] Aus diesem Grund behandelt Robinson ihn manchmal wie einen Sklaven, den er in die ökonomische Ordnung der Insel einbindet, manchmal wie einen Geheimnisträger, der sein psychisches Gleichgewicht stört. Diese Welt ohne den Anderen ist wie ein Drehbuch zu jeder von Sades Inszenierungen: ein Universum, in der die Figuren immer sowohl die Rolle des Opfers als auch die des Komplizen spielen: »Nichts bleibt mehr übrig als die unauslotbaren Tiefen, als absolute Distanz und Differenz. Oder ganz im Gegenteil unerträglich endlose Wiederholungen wie exakt aneinandergereihte Längen.« Indem er die Struktur des Anderen tilgt, verweist Sade die Beziehung zur Wirklichkeit ins Reich des Fiktionalen. Nun sind die menschlichen Wesen nichts mehr weiter als die Objekte der Ausschweifung: »In seiner Lehre, dass das Gesetz des Genusses ich weiß nicht was für ein idealutopisches Gesellschaftssystem begründen könne, drückt sich Sade in der vor kurzem bei Pauvert, ich muss sagen, recht sauber neu besorgten Ausgabe der Juliette – was bis heute ein Buch ist, das unter dem Ladentisch verkauft wird – in Kursiv wie folgt aus: *Leihen Sie mir den Teil Ihres Körpers, der mich für einen Augenblick befriedigen kann, und genießen Sie, wenn es Ihnen gefällt, den des meinen, der Ihnen angenehm sein mag.*«[153]

SEXUALITÄT UND SUBJEKTIVITÄT: DER VOLLZUG DES FLEISCHES

Einer der Bereiche, in denen die komplizierte Beziehung des Menschen zu seinem Körper und dem der anderen besonders offen zutage tritt, ist die Sexualität. Das mag daran liegen, dass unsere intensivsten Beziehungen zu anderen häufig sexueller Natur sind und das erotische Verlangen uns für den anderen in seiner Körperlichkeit und seiner Subjektivität öffnet. Gerade dieser Bereich wurde jedoch von Philosophen lange außer Acht gelassen, da die Sexualität als gefährlich wahrgenommen wurde.

Platon geht davon aus, dass das sexuelle Begehren zur animalischen Natur des Menschen gehört und nichts mit der Liebe gemein hat, die seiner rationalen Natur entspringt. In *Das Gastmahl* wird Liebe als Verlangen definiert, Verlangen aber als Gefühl des Unvollständigseins und dem daraus folgenden Streben nach dessen Überwindung. Dies ist jedoch nur Teil eines umfassenderen Gedankengangs, der in der wahren Liebe das Verlangen sieht nach »Zeugen im Schönen, sei es im Leibe, sei es in der Seele«[154]. Nur durch Mäßigung des sexuellen Verlangens sei es möglich, in sich dieses Streben nach Vollkommenheit zu erzeugen, das schließlich im Streben nach Schönheit und Güte gipfelt. Damit ist die geliebte Person nicht mehr Objekt der Begierde, sondern Gelegenheit, die Liebe zur Erkenntnis zu entwickeln. Daher ist wahre Liebe immer »philosophisch« und öffnet dem Guten in der Seele den Weg: Sie ist eine sinnliche Anziehung, die zum Übersinnlichen hinführt. Liebe ist, »dass man das Gute für immer besitzen will«[155]. Eine ähnliche Idee beschreibt Plato im *Philebos*: Dort wird die Lust zuerst als Erfahrung des Unvollständigseins aufgefasst (34d-35a). Dann weist er darauf hin, dass es eine Lust gibt, die weder aus dem Gefühl des Mangels noch aus der Leere (51a) geboren wird. Schließlich zeigt er, dass diese Lust der Fülle entspringt und sich auf das Schöne und Gute richtet.

Die Kirchenväter gingen von einer grundsätzlichen Verschiedenheit der »Leidenschaften der Seele« und der fleischlichen Lüste aus und erhoben die körperliche Vereinigung von Adam und Eva zum Sündenfall. Augustinus beispielsweise tritt für eine Sexualität ohne emotionale Beteiligung und ohne Fleischeslust ein, die einzig und allein der Fortpflanzung dient. Clemens von Alexandria meint gar, man solle sich nicht nur »im Verlangen mäßigen«, sondern »sich des Verlangens enthalten«[156].

Was Kant angeht, so unterstrich er mehrfach, dass die Ehe für ihn der einzige Rahmen sei, innerhalb dessen Mann und Frau sich gegenseitig der Lust hingeben konnten, ohne sich zu erniedrigen. Außereheliche Beziehungen waren für ihn *crimina carnis*, Verbrechen des Fleisches oder »Missbrauch der Geschlechterneigung«: »Weil die Geschlechterneigung nicht eine Neigung ist, die ein Mensch gegen den anderen Menschen als einen Menschen hat, sondern eine Neigung gegen das Geschlecht ist, so ist diese Neigung ein principium der Erniedrigung der Menschheit, ein Quell, ein Geschlecht dem anderen vorzuziehen und es aus Befriedigung der Neigung zu entehren.«[157] Daher weicht Kant auf die juristische Lösung aus, die Ehe, das Matrimonium, einen *Vertrag* also, den beide Parteien formell schließen, der uns jedoch nichts über die Natur ihrer sexuellen Beziehungen sagt oder über den Status des begehrenden und des begehrten Körpers. Für Kant zieht das sexuelle Begehren uns auf die Stufe des Tiers herab: Das sexuelle Begehren wird als »Appetit« eingestuft, das Objekt der Begierde wird nicht um seiner persönlichen oder moralischen Gaben wegen begehrt: »Die Neigung, die man zum Weibe hat, geht nicht auf sie als auf einen Menschen, sondern weil sie ein Weib ist, demnach ist einem Mann die Menschheit am Weibe gleichgültig und nur das Geschlecht Gegenstand seiner Neigung.«[158]

Erst Freud und die Psychoanalyse machten deutlich, in welchem Maß alles im Menschen von der Sexualität beeinflusst ist: die Beziehung zur Welt, zum Leben, zum anderen[159]. Für Freud ist der »Sexualtrieb« eine vitale Kraft, die das Dasein lebendig macht und die, auch wenn sie verdrängt oder sublimiert wird, weiterhin eine zentrale Rolle spielt, weil sie in die Arbeit ebenso hineinwirkt wie in die Beziehungen zu anderen Menschen beziehungsweise zu uns selbst[160]. Die Sexualität durchzieht gleichsam das ganze Menschsein, sein irdisches Dasein, seine Endlichkeit. Ihre Lüste und Bedürfnisse, Regungen und Triebe, Ängste und Frustrationen, Fantasmen und Verletzungen bestimmen das Spiel. Sie ist »Zeugnis der Bedingung des Menschseins in seinen allgemeinsten Momenten der Autonomie und der Abhängigkeit«[161].

Das Begehren ist es, das uns begreiflich macht, was es heißt, auf die Antwort des Anderen zu warten und dabei im Körper dieses tiefe Gefühl des Unvollständigseins und der Ohnmacht zu empfinden. Andererseits lehrt es uns auch, was es heißt, jemand anderen besitzen und ihn zum Objekt der Herrschaft machen zu wollen. »Insofern ich einen Leib habe«, schreibt

Merleau-Ponty, »kann ich unter dem Blick des Anderen zum bloßen Gegenstand herabsinken und nicht mehr als Person für ihn zählen, oder aber ich kann im Gegenteil zu seinem Herrn werden und ihn meinerseits anblicken, doch diese Herrschaft ist eine trügerische, da im gleichen Augenblick, in dem die Begierde des Anderen meinen Wert anerkennt, dieser Andere nicht mehr die Person ist, von der ich anerkannt werden wollte, sondern nur mehr ein in seiner Freiheit beraubtes fasziniertes Wesen, das insofern für mich selber nicht mehr zählt. [...] Die dem Leib gegebene Bedeutung und die Widersprüche der Liebe verknüpfen sich so mit einem umfassenderen Drama, das in der metaphysischen Struktur meines Lebens als in ein Objekt für den Anderen und Subjekt für mich gründet.«[162]

I. Der Andere: das Objekt des Begehrens

Wenn man einen anderen Menschen begehrt, wird dieser zum »Objekt der Begierde«. Es ist eine Tatsache, dass jede Art der sexuellen Beziehung immer eine Form von Objektivierung beinhaltet. Sei es, weil der Andere als »Objekt der Begierde« immer schon automatisch »Objekt« ist: ein Objekt, das bei der sexuellen Begegnung nackt und bloß vor uns liegt, offen für Zärtlichkeiten und Küsse, für Bisse, für die Einnahme. Ein Objekt, das man umschmeicheln, aber auch leiden lassen kann ... ein Objekt, das für sich ist ... Doch wenn man vom Gegenstand seines Begehrens sagt, dass er ein »Objekt der Begierde« sei, heißt das noch nicht, dass man ihn zum Ding reduziert. Denn jedes *Objekt des Begehrens* ist automatisch auch ein *Subjekt des*

Begehrens. Die Beziehung, die vom sexuellen Begehren gestiftet wird, ist keine zwischen zwei »Gegenständen«, sondern eine »intersubjektive Beziehung«[163].

Viele der diesbezüglichen Missverständnisse rühren aus der Tatsache, dass es verschiedene Formen der Objektivierung gibt, die nicht nur voneinander unabhängig, sondern auch qualitativ verschieden sind. Daher sollten stets Umstände und Zusammenhänge betrachtet werden, wenn es um die Frage geht, ob die Objektivierung eines Individuums – das Objekt sexueller Begierde und Lust ist – nun darin besteht, dass sein Körper instrumentalisiert wird, oder ob mit dem Begehren nicht einfach nur auf sein fleischliches Sein eingegangen wird. Wenn man jemanden zum Objekt macht, indem man ihn als *Ding* behandelt, ist dies etwas völlig anderes, als wenn man ihn zwar als Objekt des Begehrens behandelt, ihn aber als *Person* respektiert. Im ersten Fall können wir von *Verdinglichung* sprechen, im zweiten Fall aber haben wir es mit einer *Verfleischlichung* zu tun.

Die Objektivation verwandelt den anderen immer in ein »Objekt«, doch heißt das auch schon, dass wir ihn zum »Ding«, zum »Gegenstand« machen? Die Begriffe sind offensichtlich nicht austauschbar. Sehen wir also nach, was uns das Wörterbuch zu diesem Thema sagt. Philosophisch betrachtet ist ein Objekt »ein Gegenstand, der mit den Sinnen wahrgenommen wird«. Eine andere Definition lautet: »fester Körper, der Einheit und Unabhängigkeit aufweist und einer gewissen Bestimmung gehorcht.« Gleichzeitig aber ist ein Objekt ein »Gegenstand, auf den das Interesse, das Denken, das Handeln gerichtet ist«. Daher wohnt dem »Objekt« immer eine gewisse Zielhaftigkeit inne. Ein »Ding« hingegen ist immer eine »Sache«, die nicht näher bezeichnet wird, unbelebt, verfügbar. Daher kann man, rechtlich betrachtet, von Tieren oder menschlichen Körpern nicht als »Sachen« sprechen.

Wie also sieht die Objektbeziehung bei einer sexuellen Begegnung aus? Sie ist im Normalfall von höchst komplexer Natur und hängt zum Beispiel davon ab, welche Erfahrungen das Individuum mit seinen Eltern gemacht hat, zu jener Zeit, als *Glück* noch bedeutete, mit der Mutter zu verschmelzen. Erwachsenwerden heißt nämlich, eine eigene Identität zu entwickeln und auf diese Verschmelzung zu verzichten. Um dann, auch wenn dieser Verzicht eine Verlusterfahrung ist, aus der eine tiefe Sehnsucht erwächst, das »verlorene Objekt« wiederzufinden. Aus diesem Grund legt bei der sexuellen Begegnung jeder der Partner gleichzeitig seine Schwäche und seine Macht offen, seine Sehnsucht nach dem verlorenen Objekt und sein Bedürfnis, dieses vollkommen zu beherrschen. Die besondere Form des Begehrens jedes Einzelnen ist bestimmten Bedingungen unterworfen: »Das ergibt sozusagen ein Klischee (oder auch mehrere)«, schreibt Freud, »welches im Laufe des Lebens regelmäßig wiederholt, neu abgedruckt wird, insoweit die äußeren Umstände und die Natur der zugänglichen Liebesobjekte es gestatten, welches gewiss auch gegen rezente Eindrücke nicht völlig unveränderlich ist.«[164]

II. Das Spiel der Triebe

Sexualität ist niemals ruhig, linear, einfach. Hingabe, der kurzzeitige Verlust der Grenzen zwischen den Körpern, der Barriere zwischen dem »Ich« und dem »Du« ermöglichen eine stete Oszillation zwischen dem Drang nach *Vereinigung* und dem Drang nach *Zerstörung*. Jemanden zu begehren heißt, zwischen der Beherrschung des Anderen und der Angst vor Verlust hin- und herzupendeln, sei es nun der Verlust des Anderen oder der seiner selbst. Von dem Moment an, in dem man sich dem Anderen öffnet, macht man sich sichtbar und berührbar, man offenbart die eigene Stärke ebenso wie die eigene Verletzlichkeit, Macht ebenso wie Hingabe. Und man geht das Risiko der Entfremdung ein: Man legt sozusagen die eigene Freiheit in die Hände des Anderen und läuft dabei Gefahr, abgelehnt oder wie ein Ding behandelt zu werden. Aber nicht notwendigerweise. Denn jeder der Partner ist da im Angesicht des Anderen. Jeder reagiert auf die Zärtlichkeiten des Anderen. Jeder ist vom Anderen abhängig und kontrolliert ihn zugleich. Außerdem verläuft dieser Prozess nie ganz genau gleich. Jedes Mal kann sich ein vergessener Teil des Selbst zu Wort melden, können Erinnerungen (an die Kindheit, die Jugend, vorangegangene Liebesgeschichten) wieder auftauchen. Durch den Besitz des anderen Körpers nimmt das Individuum nicht nur Kontakt mit dem fleischlichen Aspekt des begehrten Menschen auf, es lässt sich auch auf seine eigene fleischliche Existenz ein. Und so ist der Andere zugleich *Person* und *Objekt*, *Subjekt* und *Körper*. Wenn man jemanden begehrt, hält man sich gewöhnlich nicht aus dem eigenen Begehren heraus. Das Begehren *stellt uns bloß*. So wird jeder zum Komplizen seines Verlangens und wird sich dadurch seines *Körper-Seins* bewusst.

Daher ist die Objektivierung des Anderen nicht notwendigerweise Instrumentalisierung: Es ist möglich, den Anderen zu besitzen, ohne die Wechselseitigkeit des Besitzes zu leugnen oder seine beziehungsweise ihre Subjektivität. Der / die begehrte Andere, schreibt Levinas, ist »gleichzeitig fassbar und dennoch in ihrer Blöße unberührt [...] das Weibliche, seinem Wesen nach der Vergewaltigung zugänglich und unzugänglich [...] unberührbar sogar in der Berührung der Wollust«[165].

Die Sexualität ist ein Spiegel des Menschlichen und seiner Widersprüche. Einesteils ist sie Ausdruck der Lust: die Lust, auf den Anderen zuzugehen und ihn zu besitzen. Andererseits ist sie der Ort der Preisgabe: Im sexuellen Akt öffnet sich das Subjekt dem Mysterium des Unvollständigseins und entdeckt den Genuss in dem, was seine intimsten und zugleich fremdesten Bereiche sind. Im erotischen Genuss enthüllen wir unsere Schwächen und öffnen uns der schöpferischen Dimension der Begegnung. In der Offenbarung des eigenen Körpers rückt das Ideal, das wir von uns selbst haben, in die zweite Reihe. Das Subjekt pendelt hin und her zwischen Auflösung und Wiederzusammensetzung, Hingabe an die Lust und Rückgewinn der Kontrolle, Aufgabe des Urteilsvermögens und der Vernunft und Rückeroberung der Grenzen des Körpers und der Seelenräume.

Einem Menschen in dieser Weise zu begegnen bedeutet, sich ihm zu öffnen. Ihn zu sehen, zu betrachten und auf der anderen Seite sich selbst sehen und betrachten zu lassen. Die Worte und Gesten, mit denen wir auf den Anderen zugehen, sind dieselben, mit denen der Andere uns begegnet. Jede zärtliche Geste lässt uns nackt vor dem Anderen stehen. Eine zärtliche Geste, die das auslöst, was »für immer zerfließt«[166], die sucht, die das Unsagbare sagt, die weder ergreifen noch enthüllen will, die den Anderen in seiner Nacktheit intakt lässt. Die Sexualität führt das Subjekt heraus aus dem Register des Beherrschenwollens. Ich »sehe« den Anderen. Ich »berühre« ihn. Aber das ist nur möglich, weil ich mich meinerseits »sehen« und »berühren« lasse. Weil ich das »Eindringen« des Anderen zulasse, weil ich das Andere »kommen« lasse. Weil ich akzeptiere, dass der Andere sich meiner Zärtlichkeit auch »entziehen« kann.

Der Andere erhebt sich in seiner Nacktheit vor uns, die wir ebenfalls nackt sind, und fordert uns heraus. Durch seine Entblößung. Seine Preisgabe. Und so entsteht Gelegenheit zu einer Begegnung, die nur möglich ist, wenn wir den Anderen in seinem Wert anerkennen, seinem Begehren, seiner Einzigartigkeit. Denn es ist ja ebendiese Einzigartigkeit, die unser Begehren erregt und uns bewegt, auf den Anderen zuzugehen: »Beim Geschlechtsverkehr handelt es sich um ein Geben und Nehmen. Ein neuer Anreiz taucht auf, wenn der eigene Anreiz verebbt. Etwas ganz Neues kommt hinzu, sobald die alte Überbelastung verschwindet.«[167]

III. Entfremdung und Achtung

Die Sexualität steckt voller Widersprüche. Man ist in der Hingabe sich selbst entfremdet. Man entäußert sich dessen, was wesensmäßig unveräußerlich ist, seines Körpers, seiner Intimität, seiner selbst. Gleichzeitig erfährt man in der Entfremdung der sexuellen Begegnung die vollkommene Unveräußerlichkeit des Selbst. Im Oszillieren zwischen Regression und Reife, Auflösung und Rekonstruktion erhebt sich das »Ich« eben im Moment des Verlusts. Der Körper, den wir dem Anderen ausliefern, wird gleichzeitig zum Faustpfand des Begehrens. Denn erst wenn wir auf unsere äußere Einheit verzichten, wenn wir den Anderen vollkommen beherrschen, entdecken wir, wie authentisch dieses vom Begehren geschmiedete Selbst ist. Wenn wir auf Kontrolle verzichten und das Risiko eingehen, uns auf die Hingabe einzulassen, öffnet sich uns die Möglichkeit, sich in unseren Gesten und denen des Anderen wiederzufinden.

Die Präsenz des Anderen besiegelt unsere eigene und erlaubt uns, durch die Vermittlung unseres Körpers, unseres Fleisches uns zum Subjekt zu erheben. Aus diesem Grund sind in der Sexualität Geben und Nehmen eins. Wir nehmen im Geben und geben im Nehmen in einem unendlichen Wechselspiel von Haben und Nicht-Haben. Und auch wenn wir vom Anderen etwas nehmen, so bleibt doch immer etwas, das sich entzieht, etwas, das wir begehren können. Im Lustgenuss steckt immer auch das *Fehlende*, die *Abwesenheit*. Doch die Tatsache, dass die Grenzen des Körpers und des Ich in Frage gestellt, ja zeitweise sogar überschritten werden, heißt ja nicht, dass sie ausgelöscht oder geleugnet werden. Man strebt danach, über die Grenzen hinauszugehen, doch man überschreitet sie nicht. Das Begehren schleudert uns beinahe aus uns selbst heraus, doch am Ende bleiben wir innerhalb der Grenzen, die unser Körper und der des Anderen uns auferlegen. Wir bleiben immer diesseits des »Abjekts«, das entsteht, wenn die Grenzen niedergerissen werden, wenn die Barrieren zwischen »ich« und »du« fallen, wenn man die Kategorien von Raum und Zeit überschreitet, denen unser Menschsein unterworfen ist. Denn nach dem Moment des Genusses, nach dem Moment der erotischen Befriedigung muss das Subjekt zu sich selbst zurückkehren können, muss man sein in den Flammen des Begehrens aufgegangenes »Ich« wieder einsammeln, seine Grenzen errichten können, um sich nicht weiter fortreißen zu lassen[168].

Männlichkeit und Weiblichkeit

Auch wenn die Männlichkeit dadurch charakterisiert ist, dass man Zugang zum Körper des Anderen hat, was wiederum Machtfantasien auslösen kann, heißt das doch nicht, dass die Ängste, die durch Entblößung vor dem Auge des Anderen entstehen, plötzlich ausgeklammert wären. »Sogar wenn der männliche Lustgenuss sich auf den Penis konzentriert«, schreibt der Psychoanalytiker Didier Dumas, »so beschränkt sie sich doch nicht auf den Gewinn des Territoriums, das der Körper der Frau darstellt. Er dreht sich gleichermaßen um das Innere seiner selbst. Er kommt dem Öffnen der Pforte zu den geheimen Gärten der Seele gleich, die gewöhnlich verschlossen ist.«[169] Dies geht so weit, dass auch der Rückgriff auf Gewalt und Brutalität mitunter nur eine Form darstellt, sich seiner

Männlichkeit zu versichern, sich in der Illusion zu wiegen, dass der Mann nicht von Frauen abhängig ist. Einer Illusion, die nicht nur Vergewaltigungsfantasien nährt, sondern jegliche Form von Machtfantasien, die das männliche Geschlecht in den Mittelpunkt rücken, die männliche Fähigkeit, den Körper einer Frau zu »besiegen«.

Der Mann ist, wie verschiedene Psychoanalytiker dies beschreiben, nie ganz gefeit vor dieser Furcht, die ihn befällt, wenn er zum ersten Mal mit dem weiblichen Geschlecht und seiner spezifischen Anatomie konfrontiert ist, dieser »Höhlung, die weder Loch noch Abgrund ist, außer für das Denken und Handeln«[170]. Daher das ständige Annähern und Ausweichen, was die Frau angeht, das Verlangen, sich mit ihr zu vereinigen, die Angst, in ihr zu verschwinden. Die Frau ihrerseits wird von dem Verlangen, penetriert zu werden, getrieben. Ein Verlangen, mit dem nicht selten die Fantasie der Unterwerfung einhergeht. Andererseits kann die Vorstellung, von einem Mann »ungeschützt« penetriert zu werden, der Frau auch Angst machen.

Die Problemfelder der Sexualität hängen ganz von der persönlichen Geschichte der Betroffenen ab, von den Schwierigkeiten, die er oder sie hat, sich dem Anderen zu nähern und ihn näherkommen zu lassen. Denn die Urerfahrung des Menschen ist letztlich die seiner Abhängigkeit. Das Neugeborene ist schließlich ganz und gar auf die Fürsorge seiner Eltern angewiesen. Allein könnte es nicht überleben. Allein würde es sowohl seelisch wie körperlich den Tod erleiden. Jedes Neugeborene, ob Junge oder Mädchen, ist vollkommen vom Anderen abhängig und nimmt die Position des Objekts ein: als Objekt der Fürsorge, Objekt der Liebe, Objekt der Projektion ... Erst mit der Zeit kann das Kind sich lösen und beginnen, sich als Subjekt darzustellen. Sein »Ich« bildet sich in einem Prozess von Identifikation und Opposition erst allmählich heraus.

Identifikation und Autonomie

Erwachsene sind dabei sowohl Vorbild als auch Gegenspieler. Man sucht seinen Platz, indem man sich als Mann oder Frau definiert. Natürlich spielen die Eltern dabei eine entscheidende Rolle. Schon weil sie für das Kind die ersten Rollenvorbilder darstellen. Rollenmodelle, die im Verlauf des Lebens entweder verstärkt oder ersetzt werden. Wenn man von Ödipus und dem Kastrationskomplex spricht, von der polymorphen Sexualität oder der Ich-Struktur, dann verpasst man diesen Identifikations- und Oppositionsmechanismen, die keine wie auch immer geartete Form der Dekonstruktion je wieder löschen kann, nur einen anderen Namen. Denn selbst wenn das Spiel von Identifikation, Imitation und Opposition in einer anders strukturierten Gesellschaft anders funktioniert, so wird das Kind sich doch immer denen anschließen, die es versorgen. Sie wird es zum Vorbild nehmen und seine Struktur rund um die von ihnen empfangenen Botschaften aufbauen. Für einen Jungen zum Beispiel ist die Stellung der Mutter ihm und dem Vater gegenüber von entscheidender Bedeutung. Dies ist die erste Erfahrung, die er mit der Frau macht, einer Frau, die seine Mutter ist und zugleich Gefährtin des Vaters. Die Stellung, die sie in Bezug auf seinen Vater einnimmt, wird für immer – zumindest teilweise – sein Bild von der Frau prägen. Dies erklärt, weshalb Männer häufig zwischen dem Bild der asexuellen Frau, der Mutter, und dem der Frau als Sexualobjekt hin- und hergerissen sind, dem Objekt, das der Vater begehrt oder von dem sie zumindest glauben, dass er das tut. Die Schwierigkeit für den Mann liegt nun darin, diese beiden Gestalten keiner strikten Trennung zu unterziehen: sich nicht der Vorstellung hinzugeben, die Mutter könne für den Vater kein Sexualobjekt sein. Oder die Frau, die sie begehren, könne nicht Mutter sein.

Das Schwierigste in diesem Kontext der Abhängigkeiten ist zweifelsohne die Erlangung der Autonomie, die zugleich lebensnotwendig und gefährlich ist. Lebensnotwendig, weil man, ohne sich von anderen loszulösen, niemals erwachsen werden kann. Man kann seine Wünsche nicht verfolgen, sich nicht in Zeit und Raum des eigenen Lebens hinausbegeben. Doch Autonomie ist auch gefährlich, denn wenn sie zum absoluten Wert wird, konterkariert sie die eigene Menschlichkeit. Niemand ist je vollständig unabhängig von anderen, wenn er sich nicht in eine Welt einschließen will, die von Einsamkeit und Verzweiflung beherrscht wird. Oder wenn er auf menschliche Kontakte in seinem Umfeld ganz verzichten möchte.

Natürlich versucht jeder Mensch, sich so weit als möglich vor der Abhängigkeit von anderen Menschen zu schützen. Die totale Abhängigkeit ist wie eine Sucht. Als solche ist sie zum Scheitern verurteilt mit den bekannten, meist mehr oder weniger katastrophalen Folgen. Für jemanden, der unfähig ist, mit Verlassenwerden oder Zurückweisung umzugehen, und ständig in der Angst davor lebt, ist jede Beziehung ein Feld des Schreckens, das unmittelbar sein »Ich« bedroht. Was sich in einem nahezu pathologischen Bedürfnis nach Liebe ausdrückt, einem diktatorischen Einfordern von Liebesbeweisen und einer totalen Abhängigkeit vom Objekt der Liebe und dessen Blick auf den Betroffenen.

Natürlich versuchen wir nach bestem Wissen und Gewissen, uns nicht in solch eine Abhängigkeit zu begeben. Das bedeutet aber nicht, dass wir grundsätzlich jede Form der Abhängigkeit ablehnen müssten. Selbst wenn uns auch hier Leiden und Scheitern drohen. Denn wer nach vollkommener Unabhängigkeit strebt, kann sich nur komplett von anderen Menschen lösen und in eine irreale Welt nach Sade'schem Muster eintauchen. Die absolute Unabhängigkeit von der wirklichen Welt ist Wahnsinn oder Perversion. Die Abspaltung von der Welt und den anderen Menschen. Zum Beispiel beim Internet-Junkie, der im Netz surft, unfähig, eine echte menschliche und sexuelle Beziehung einzugehen, ein Gefangener der Bilder. Aber auch der Wüstling, der – wie Sade – annimmt, alle Menschen stünden zu seiner freien Verfügung. Er hält sich für autonom. Er hält sich für allmächtig. Ein feudalistischer Grundherr auf dem Gebiet der Sexualität. Es gibt kein Gesetz außer dem seinen. Er glaubt, alles kontrollieren und alles beherrschen zu können. Dinge wie Menschen. Menschen wie Dinge. Menschen als Dinge (Sachen), wie es die mittelalterlichen Leibeigenen waren. Um den höchsten Genuss aus seiner Fähigkeit zur Manipulation zu ziehen, aus der Zerstörung anderer durch Ausnützen ihrer Schwächen.

SCHLUSSWORT

Unser Körper ist unser Schicksal. Nicht, weil der Mensch das Leben, das ihm behagt, nicht frei wählen könnte. Nicht, weil sein Körper eine genetische Prädisposition aufweist, die ihn für manche Aufgaben eher geeignet macht als für andere. Sondern weil dieser Körper, unabhängig von jeder Wahl oder Entscheidung, die wir treffen können, immer da ist, unhintergehbar, auf Gedeih und Verderb. »Ich frage mich, wer ich bin«, schreibt Antonin Artaud. »Nicht das Ich inmitten des Körpers, denn ich weiß, dass ich es bin, der in diesem Körper ist, und kein anderer, und dass es kein anderes Ich als den Körper gibt; noch das Ich in meinem Körper. Ich frage mich vielmehr, woraus dieses Ich bestehen kann, das spürt, was man Sein nennt, ein Sein sein, weil ich einen Körper habe.«[171] Jeder ist sein Körper, jeder hat einen Körper. Jeder hat einen Körper, der er zugleich ist. Der Körper ist es, der uns beständig unsere Vergänglichkeit, unsere Zerbrechlichkeit ins Gedächtnis ruft und uns an die Wirklichkeit »nagelt«, indem er uns den Beschränkungen von Raum und Zeit unterwirft, den Bedingungen der Existenz, innerhalb derer wir uns entwickeln. Aber es ist auch der Körper, der uns erlaubt, die Welt zu »genießen«, in ihr zu leben, Leidenschaften und Emotionen zu empfinden, anderen Menschen zu begegnen und sie kennenzulernen.

Die Philosophie des Körpers ist nichts anderes als ein Denken, das von der körperlichen Existenz ausgeht, von der Endlichkeit, um dann über das körperliche Sein jedes Individuums nachzusinnen. Diese Philosophie versucht, das menschliche Handeln zu begreifen, ohne seine körperliche Dimension zu vergessen. Daher ist es auch so wichtig, die verschiedenen Etappen des Nachdenkens über den Körper und seinen Status zu kennen, denn jeder Philosoph musste sich dieser Frage auf seine Weise stellen. Selbst wenn der Körper häufig als Bürde betrachtet wurde, als Hindernis für den Erwerb von Erkenntnis und Tugend, so kam doch keine Philosophie je um ihn herum.

Neu ist heute nur, dass wir aufgrund wissenschaftlicher und technischer Fortschritte vermutlich noch nie so viele Möglichkeiten hatten, direkt auf unseren Körper einzuwirken. Eine Möglichkeit, die wir meist nutzen, um den Körper zu beherrschen, ihn auf Distanz zu halten, so zu tun, als könne man ihn tatsächlich ganz verschwinden lassen. Doch was wir mit ihm auch anstellen mögen, der Körper ist da, stets bereit, uns an seine Existenz zu erinnern, bereit, alle Unbill, an der die Auslöschwilligen leiden mögen, in Krankheitssymptome zu übersetzen. Wie die polnische Dichterin Wislawa Szymborska schreibt: »Geändert hat sich nichts; außer dem Wettlauf der Grenzen, der Linien der Wälder, Gestade, Wüsten und Gletscher. In diesen Landschaften streunt unsre Seele, verschwindet, kommt wieder, mal näher, mal ferner, sich selber fremd, unbegreifbar, mal sicher, mal unsicher ihres Vorhandenseins, während der Körper ist und ist und ist und weiß nicht wohin.«[172]

ANMERKUNGEN

1 J.-P. Sartre, *Das Sein und das Nichts*, Reinbek 1991, S. 568.
2 M. Merleau-Ponty, *Die Phänomenologie der Wahrnehmung*, Berlin 1966, S. 234.
3 P. Valéry, *Schlimme Gedanken und andere*, Frankfurt a. M. 1963, S. 25.
4 S. de Beauvoir, *Das andere Geschlecht*, Reinbek (10) 2009, S. 53.
5 P. Valéry, *Ich grase meine Gehirnwiese ab*, Frankfurt a. M. 2011, S. 213.
6 V. Nusinovici, »Avoir un corps?«, in: *Journal français de psychiatrie*, 24. März 2006, S. 6.
7 Platon, *Phaidon*, 64c, Übersetzung von F. Schleiermacher, in: Platon, *Werke in acht Bänden griechisch und deutsch*, Bd. 3, Darmstadt (2) 1988, S. 25.
8 Platon, *Phaidon*, 65b, a.a.O.
9 Platon, *Phaidon*, 66c, a.a.O.
10 Platon, *Phaidon*, 65c, a.a.O.
11 Platon, *Kratylos*, 400c, *Gorgias*, 493a, *Phaidon*, 62b und 82e.
12 Platon, *Alkibiades*, 129e und 130c-131e, *Der Staat*, 431d und 589a-b, *Nomoi*, 956b-c.
13 Platon, *Kriton*, 118a, *Nomoi*, XII, 959b.
14 Platon, *Phaidon*, 66b-67d, a.a.O.
15 M. Labrune, »États d'âme. Le corps dans la philosophie de Platon«, in: J.-C. Gobbard, M. Labrune, *Le corps*, Paris 1992.
16 R. Descartes, *Betrachtungen über die Grundlagen der Philosophie*, (III, 1), Übersetzung von F. Schleiermacher, Leipzig 1956, S. 43.
17 R. Descartes, *Betrachtungen über die Grundlagen der Philosophie*, (I, 53), Übersetzung von F. Schleiermacher, Leipzig 1956, S. 21.
18 R. Descartes, *Von der Methode*, Hamburg 1960, S. 27.
19 J.-L. Vieillard-Baron (Hrsg.), *Le problème de l'âme et du dualisme*, Paris 1991.
20 R. Descartes, *Über den Menschen*, Heidelberg 1969, S. 135 f.
21 W. Harvey, *De motu cordis (Von der Bewegung des Herzens)*, ins Französische übersetzt von Ch. Richet, Paris 1990.

22 R. Descartes, *Die Leidenschaften der Seele*, Art. 30, Hamburg 1984, S. 51.
23 R. Descartes, *Die Leidenschaften der Seele*, Art. 31, Hamburg 1984, S. 53.
24 Siehe dazu: Michela Marzano, *Penser le corps*, Paris 2002.
25 S. Bordo, *Unbearable Weight. Feminism, Western Culture and the Body*, Berkeley 1993, S. 46.
26 H.-C. Andersen, *Märchen*, München 1938, S. 179.
27 S. Rockwell, *Cyberpunk*, Wheeling 1989.
28 W. Gibson, *Neuromancer*, München 1987.
29 M. Benedikt (Hrsg.), *Cyberspace. First Steps*, Cambridge 1991.
30 Siehe dazu: D. Le Breton, *Adieu au corps*, Paris 1999.
31 Médiamétrie, das französische Marktforschungsinstitut für Nutzung von Telemedien, hat festgestellt, dass im Jahr 2005 2,2 Millionen Franzosen im Internet nach ihrem Seelenpartner suchten.
32 Orlan, Vortrag, in: *De l'art charnel au baiser de l'artiste*, Paris 1997, S. 1.
33 Orlan, Vortrag, in: *De l'art charnel au baiser de l'artiste*, Paris 1997, S. 40.
34 Sterlac, Interview, in: *L'art au corps. Le corps exposé de Man Ray à nos jours*, Museumskatalog des Musée de Marseille, Marseille 1996.
35 E. Lemoine-Luccioni, *La robe. Essai psychanalytique sur le vêtement*, Paris 1983.
36 D. Anzieu, *Le moi-peau*, Paris 1985.
37 J. Lacan, *Seminar 2, Das Ich in der Theorie Freuds und in der Technik der Psychoanalyse*, Olten 1980, S. 199 f.
38 Orlan, »Surtout pas sage comme une image«, in: *Quasimodo*, 5, 1998, S. 95.
39 Orlan, *De l'art charnel au baiser de l'artiste*, a.a.O., S. 40 f. Hier soll nur daran erinnert werden, dass Orlan sich seit 1993 keinem neuen plastischchirurgischen Eingriff mehr unterzogen hat. Zwischen 1999 und 2003 hat Orlan sich hauptsächlich auf digitale Selbstporträts konzentriert: die *SelfHybridations*. Dabei probiert sie aus, wie Narbenzeichnungen, Tätowierungen und Masken von Frauen anderer Kulturen ihr eigenes Bild verändern. Siehe dazu den Katalog ihrer letzten Ausstellung: *Orlan – méthodes de l'artiste. 1964–2004*, Paris 2004.
40 Orlan, «Surtout pas sage comme une image», a.a.O., S. 99.
41 B. Spinoza, *Ethik*, Teil II, Lehrsatz 21, Anmerkung, Wiesbaden 2012, S. 82.
42 C. Jacquet, *Le corps*, Paris 2001.

43 B. Spinoza, *Ethik*, Teil III, Lehrsatz 2, Anmerkung, Wiesbaden 2012, S. 113 ff.

44 B. Spinoza, *Ethik*, Teil II, Lehrsatz 23, Wiesbaden 2012, S. 82.

45 B. Spinoza, *Ethik*, Teil II, Lehrsatz 47, Beweis, Wiesbaden 2012, S. 99.

46 B. Spinoza, *Ethik*, Teil III, Lehrsatz 9, Anmerkung, Wiesbaden 2012, S. 118 f., Hervorhebung von M. Marzano.

47 C. Jacqet, *L'unité du corps et de l'esprit. Affects, actions, passions chez Spinoza*, Paris 2004.

48 J. O. de La Mettrie, *Die Maschine Mensch*, Hamburg 2009, S. 43.

49 F. Engels, *Ludwig Feuerbach und der Ausgang der klassischen deutschen Philosophie*, Berlin 1946, S. 20.

50 D. M. Armstrong, *A Materialist Theory of the Mind*, London 1968.

51 F. Nietzsche, *Nachgelassene Fragmente*, 1, 21, in: ders. *Sämtliche Werke*, Kritische Studienausgabe, Bd. 12, München 1980, S. 22.

52 Vgl. F. Nietzsche, *Nachgelassene Fragmente*, 2, 102, in: ders. *Sämtliche Werke*, Kritische Studienausgabe, Bd. 12, München 1980, S. 112.

53 F. Nietzsche, *Nachgelassene Fragmente*, 1, 61, in: ders. *Sämtliche Werke*, Kritische Studienausgabe, Bd. 12, München 1980, S. 26.

54 F. Nietzsche, *Also sprach Zarathustra*, Frankfurt a.M. 2011, S. 40.

55 F. Nietzsche, *Also sprach Zarathustra*, Frankfurt a.M. 2011, S. 41.

56 J.-P. Sartre, *Das Sein und das Nichts*, Reinbek 1991, S. 568.

57 E. Husserl, *Ideen zu einer reinen Phänomenologie und phänomenologischen Philosophie*, Halle 1913.

58 M. Merleau-Ponty, *Phänomenologie der Wahrnehmung*, Berlin 1966, S. 168.

59 M. Merleau-Ponty, *Phänomenologie der Wahrnehmung*, Berlin 1966, S. 180.

60 M. Merleau-Ponty, *Phänomenologie der Wahrnehmung*, Berlin 1966, S. 234.

61 R. Barbaras, *Le tournant de l'expérience. Recherches sur la philosophie de Merleau-Ponty*, Paris 1998.

62 M. Merleau-Ponty, *Das Auge und der Geist*, Hamburg 1984, S. 16 f.

63 M. Merleau-Ponty, *Das Sichtbare und das Unsichtbare*, München (2) 1994.

64 M. Merleau-Ponty, *Das Sichtbare und das Unsichtbare*, München (2) 1994, S. 175.

65 M. Merleau-Ponty, *Das Sichtbare und das Unsichtbare*, München (2) 1994, S. 202.

66 E. Levinas, *Jenseits des Seins oder anders als Sein geschieht*, Freiburg / München (4) 2011, S. 173.
67 E. Levinas, *Totalität und Unendlichkeit*, Freiburg (4) 2008, S. 377.
68 E. Levinas, *Jenseits des Seins oder anders als Sein geschieht*, Freiburg / München (4) 2011, S. 121.
69 G. Marcel, *Sein und Haben*, Paderborn 1954, S. 89.
70 M. Proust, *Auf der Suche nach der verlorenen Zeit*, 2. Band: »Die Welt der Guermantes«, Deutsch von Eva Rechel-Mertens, Frankfurt a. M. 2000, S. 1649.
71 C. Bourdin, *Le fil*, Paris 1994, S. 167.
72 J.-L. Nancy, *L'intrus – Der Eindringling*, Berlin 2000, S. 9 f.
73 J.-L. Nancy, *L'intrus – Der Eindringling*, Berlin 2000, S. 39.
74 J.-L. Nancy, *L'intrus – Der Eindringling*, Berlin 2000, S. 33.
75 J.-L. Nancy, *L'intrus – Der Eindringling*, Berlin 2000, S. 7.
76 M. Siegler, »Ethical issues in innovative surgery. Should we attempt a cadaveric hand transplantation in a human subject?«, in: *Transplant Proc*, 1998, 30, S. 2779–2782. J. H. Barker et al, »Proceedings of the second international symposium on composite tissue allotransplantation«, in: *Microsurgery*, 2000, S. 357–469.
77 CCNE, »L'allotransplantation de tissu composite (ATC) au niveau de la face (Greffe totale ou partielle d‹un visage)«, *Avis no. 82*, Februar 2004.
78 E. Levinas, *Totalität und Unendlichkeit*, Freiburg (4) 2008, S. 257.
79 G. Deleuze, *Das Bewegungsbild. Kino 1*, Frankfurt a. M. 1989, S. 125. Hervorhebung vom Autor.
80 H. Miller, *Wendekreis des Steinbocks*, München 1964, S. 114.
81 G. Vigarello, *Le corps redressé*, Paris 1978, S. 9. Siehe auch. A. Corbin, J.-J. Courtine, G. Vigarello, *Histoire du corps*, Bd. 3, Paris 2005–2006.
82 Marcel Mauss, »L'expression obligatoire des sentiments« (1921), in: *Essais de sociologie*, Paris 1968; ders., »Les techniques du corps« (1936) in: *Sociologie et anthropologie*, Paris 1950. Ausschnittweise auf Deutsch in: *Soziologie und Anthropologie*, Frankfurt a. Main 1989.
83 Marcel Mauss, »Körpertechniken«, in: ders., *Soziologie und Anthropologie*, Bd. 2, Frankfurt a. M. 1989, S. 218.

84 M. Mauss, »L'expression obligatoire des sentiments« (1921), in: *Essais de sociologie*, a.a.O., S. 81.

85 M. Mauss, »L'expression obligatoire des sentiments« (1921), in: *Essais de sociologie*, a.a.O., S. 88.

86 Aristoteles, *Politik* (I, 2, 1253a 3), München (8) 1998, S. 49.

87 Aristoteles, *Politik* (I, 2, 1253a 10), München (8) 1998, S. 49

88 Augustinus, *De dialectica*, 7,8; Übersetzung nach M. Marzano.

89 R. Descartes, *Von der Methode*, Hamburg 1960, S. 46.

90 M. Morange, *La part des gènes*, Paris 1998.

91 E. O. Wilson, *Sociobiology: The New Synthesis*, Cambridge 1975.

92 D. Reiss, »Genetic influence on family systems. Implication for development«, in: *Journal of Marriage and the Familiy*, August 1995, S. 547.

93 R. C. Clarringer et al., »Mapping genes for human personality«, in: *Nature Genetics*, Januar 1996.

94 B. Holmes, »A Gene for Boozy Mice«, in: *New Scientist*, September 1996.

95 H. Atlan, *La fin du ›tout génétique‹? Nouveaux paradigmes en biologie*, Paris 1999.

96 D. Le Breton, *La sociologie du corps*, Paris (5) 2002.

97 D. Le Breton, *La saveur du monde*, Paris 2006.

98 Siehe dazu: F. Dreifuss-Netter, »Empreinte génétique«, und D. Thouvenin, »Tests génétiques«, Lexikonartikel in: M. Marzano (Hrsg.), *Dictionnaire du corps*, Paris 2007.

99 C. Cabal, *La valeur scientifique de l'utilisation des empreintes génétiques dans le domaine judiciaire*, Bericht des Parlamentarischen Ausschusses zur Einschätzung wissenschaftlicher und technologischer Entscheidungen, vorgelegt der Nationalversammlung unter Nr. 3121 und dem Senat unter Nr. 364 am 7. Juni 2001.

100 A. Miras, M. Mali, D. Malicier, *L'identification en médecine légale*, Lyon 1991, S. 136f.

101 Siehe dazu: A. Corbin, J.-J. Courtine, G. Vigarello, *Histoire du corps, Bd. II. De la Révolution à la Grande Guerre*, Paris 2005, S. 9.

102 D. Haraway, *Die Neuerfindung der Natur: Primaten, Cyborgs und Frauen*, Frankfurt a. M. 1995.

103 D. Haraway, »Manifest für Cyborgs«, in: *Die Neuerfindung der Natur: Primaten, Cyborgs und Frauen*, Frankfurt a. M. 1995, S. 34.

104 D. Haraway, »Manifest für Cyborgs«, in: *Die Neuerfindung der Natur: Primaten, Cyborgs und Frauen*, Frankfurt a. M. 1995, S. 35.

105 D. Haraway, »Manifest für Cyborgs«, in: *Die Neuerfindung der Natur: Primaten, Cyborgs und Frauen*, Frankfurt a. M. 1995, S. 35.

106 P. Handling, P. Véronneau (Hrsg.), *L'horreur intérieure: les films de David Cronenberg*, Paris 1990.

1 A.d.Ü.: Der deutsche Begriff »Geschlecht« bezeichnet wie im Französischen beides und wird daher gewöhnlich als »biologisches« oder »soziales« Geschlecht ausdifferenziert. Zur Bezeichnung der sozialen und psychologischen Aspekte der Geschlechterzugehörigkeit wird zunehmend der englische Begriff *gender* verwendet.

108 Das 1991 auch in Deutsch unter dem Titel *Das Unbehagen der Geschlechter* erschien (Frankfurt a. M.).

109 B. Preciado, *Manifeste contra-sexuel*, Paris 2000 (in Deutsch: *Kontrasexuelles Manifest*, Berlin 2003); M. Wittig, *La pensée Straight*, Paris 2001; M.-H. Bourcier, *Queer Zones*, Paris 2001.

110 Marie-Hélène Bourcier, *Sexpolitiques. Queer Zones 2*, Paris 2005.

111 T. de Lauretis, »Theoriser, dit-elle«, in: Dokumentation der Forschergruppe CNAM-Mage über die *Épistémologies du genre: regards hier, points de vue d'aujourd'hui*, Paris 2005, S. 14.

112 C. Dejours, *Le corps d'abord*, Paris 2001, S. 11.

113 C. Dejours, *Le corps d'abord*, Paris 2001, S. 155.

114 P. Fedida, *Corps du vide et espace de séance*, Paris 1977.

115 S. Freud, »Das Ich und das Es« (1923), in: ders., *Das Ich und das Es. Metapsychologische Schriften*, Frankfurt a. M. (11) 2005, S. 266.

116 C. Bigwood, »Renaturalizing the body with the help of Merleau-Ponty«, in: D. Welton (Hrsg.), *Body and Flesh*, Oxford 1998, S. 103.

117 V. S. Naipaul, »Einer von vielen«, in: ders., *In einem freien Land*, München 2 (2001), S. 76.

118 A. Oz, *Allein das Meer*, Frankfurt a. M. 2002, S. 159.

119 *Die Bibel*, nach der deutschen Übersetzung Martin Luthers, Stuttgart 1985, AT, S. 114.

120 *Die Bibel*, nach der deutschen Übersetzung Martin Luthers, Stuttgart 1985, AT, S. 114.

121 *Die Bibel*, nach der deutschen Übersetzung Martin Luthers, Stuttgart 1985, AT, S. 152.

122 *Die Bibel*, nach der deutschen Übersetzung Martin Luthers, Stuttgart 1985, AT, S. 152.

123 *Die Bibel*, nach der deutschen Übersetzung Martin Luthers, Stuttgart 1985, NT, S. 21.

124 *Die Bibel*, nach der deutschen Übersetzung Martin Luthers, Stuttgart 1985, NT, S. 21.

125 P. Levi, *Ist das ein Mensch?*, München 1988, S. 27.

126 P. Levi, *Ist das ein Mensch?*, München 1988, S. 52.

127 P. Levi, *Ist das ein Mensch?*, München 1988, S. 40.

128 P. Levi, *Ist das ein Mensch?*, München 1988, S. 49.

129 P. Levi, *Ist das ein Mensch?*, München 1988, S. 182.

130 E. Wiesel, *Die Nacht zu begraben, Elischa*, München 2005, S. 67.

131 R. Antelme, *Das Menschengeschlecht*, München 1987, S. 72.

132 B. Bettelheim, *Die Geburt des Selbst*, Frankfurt a. M. 1992, S. 85.

133 G. Sereny, *Am Abgrund – Gespräche mit Franz Stangl, Kommandant von Treblinka und anderen*, Berlin 1980, S. 259.

134 Sade, *Die Philosophie im Boudoir*, Gifkendorf (4) 1991, S. 59.

135 Sade, *Die Philosophie im Boudoir*, Gifkendorf (4) 1991, S. 125.

136 M. Blanchot, *Sade*, Berlin 1986.

137 J. Lacan, »Kant mit Sade«, in: ders., *Schriften II*, Berlin (3) 1991, S. 138.

138 Sade, *Die Philosophie im Boudoir*, Gifkendorf (4) 1991, S. 285.

139 Sade, *Die Philosophie im Boudoir*, Gifkendorf (4) 1991, S. 283.

140 J. Lacan, »Kant mit Sade«, in: ders., *Schriften II*, Berlin (3) 1991, S. 149.

141 Sade, *Die Philosophie im Boudoir*, Gifkendorf (4) 1991, S. 25.

142 Sade, *Juliette oder die Vorteile des Lasters*, Nullpapier-Verlag (1) 2012, Pos. 3670.

143 R. Barthes, *Sade, Fourier, Loyola*, Frankfurt a. M. 1974, S. 22 f.

144 Sade, *Die 120 Tage von Sodom*, München 1999, S. 74

145 S. Bach, L. Schwartz, »A dream of the Marquis de Sade: Psychoanlaytic reflections on narcissistic trauma, decompensation, and the reconstruction of a delusional self«, in: *Journal of the American Psychoanalytic Association*, 20, 3, 1972, S. 460.

146 R. Barthes, *Sade, Fourier, Loyola*, Frankfurt a. M. 1974, S. 36 f.

147 Sade, *Die 120 Tage von Sodom*, München 1999, S. 86.

148 Sade, *Die 120 Tage von Sodom*, München 1999, S. 86.

149 R. Barthes, *Sade, Fourier, Loyola*, Frankfurt a. M. 1974, S. 146.

150 F. Ost, *Sade et la loi*, Paris 2005, S. 257.

151 R. Barthes, *Sade, Fourier, Loyola*, Frankfurt a. M. 1974, S. 34.

152 G. Deleuze, »Michel Tournier et le monde sans autrui«, Nachwort zu: Michel Tournier, *Vendredi ou les limbes du Pacifique*, Paris 1972, S. 277.

153 J. Lacan, *Seminar 7. Ethik der der Psychoanalyse*, Olten 1980, S. 244.

154 Platon, *Das Gastmahl* (206B), Stuttgart 1979, S. 79.

155 Platon, *Das Gastmahl* (206B), Stuttgart 1979, S. 79.

156 Eine eingehende Analyse der Stellung der Kirchenväter zur Sexualität findet sich in Peter Brown, *Die Keuschheit der Engel – sexuelle Entsagung, Askese und Körperlichkeit im frühen Christentum*, München 1994.

157 I. Kant, »Von der Pflicht gegen seinen Körper in Ansehung der Geschlechterneigung«, in: ders., *Vorlesungen zur Moralphilosophie*, Berlin 2004, S. 240.

158 I. Kant, »Von der Pflicht gegen seinen Körper in Ansehung der Geschlechterneigung«, in: ders., *Vorlesungen zur Moralphilosophie*, Berlin 2004, S. 240.

159 Als Freud seine Arbeit mit den Hysterikerinnen Charcots begann, herrschte immer noch Königin Victoria. Als er 1905 seine *Drei Abhandlungen zur Sexualtheorie* veröffentlichte, war sie gerade gestorben. Zu jener Zeit erreichte der Puritanismus seinen Höhepunkt, ein Puritanismus, der den sexuellen Trieben im Namen der Ordnung und Nützlichkeit starke Einschränkungen auferlegte. Ein Puritanismus, der mit seinen eigenen Widersprüchen nicht fertigwurde und einen Diskurs der Doppelung begründete: *sein* und *scheinen*, *Geheimnis* und *Sichtbarkeit*, *Privates* und *Öffentliches*.

160 Der »Trieb« in Freud'scher Hinsicht ist ein »Antrieb«, der ein Ziel hat und sich auf ein bestimmtes Objekt richtet. Er unterscheidet sich vom Instinkt, einer der Antriebskräfte im Tierreich, da der Instinkt immer angeboren ist und jede Tierart ihre eigenen charakteristischen Instinkte hat.

161 M. Merleau-Ponty, *Phänomenologie der Wahrnehmung*, Berlin 1966, S. 200.
162 M. Merelau-Ponty, *Phänomenologie der Wahrnehmung*, Berlin 1966, S. 199 f.
163 Siehe diesbezüglich M. Marzano, *La pornographie ou l'épuisement du désir*, Paris 2003; *Malaise dans la sexualité*, Paris 2006.
164 S. Freud, Zur Dynamik der Übertragung, Gesammelte Werke 1910–1919 http://www.textlog.de/freud-psychoanalyse-dynamik-uebertragung.html
165 E. Levinas, *Totalität und Unendlichkeit*, Freiburg (4) 2008, S. 411.
166 Platon, *Das Gastmahl* (203D), Stuttgart 1979, S. 76.
167 D. h. Lawrence, »Pornographie und Obszönität«, in: ders., *Pornographie und Obszönität*, Zürich 1971, S. 34.
168 F. Perrier, *Séminaire sur l'amour* (1970–1971), *La chaussée d'Antin* (1978), Paris 1994, S. 349–536.
169 D. Dumas, *La sexualité masculine* (1990), Paris 2002, S. 118.
170 W. Granoff, *La pensée et le féminin*, Paris 1976, S. 289.
171 A. Artaud, »Cahiers de Rodez«, in: *Œuvres complètes*, XVI, Paris 1981, S. 109.
172 W. Szymborska, »Folter«, in: dies., *Hundert Freuden*, hrsg. und übertragen von Karl Dedecius, Frankfurt a. M. 1986, S. 29 f.

BIBLIOGRAFIE

Anzieu D., *Le moi-peau*, Paris 1985.
Aristoteles, *Politik*, München 1998.
Bernard M., *Le corps*, Paris 1995.
Bordo S., *Unbearable Weight. Feminism, Western Culture and the Body*, Berkeley 1993
Bruaire C., *Philosophie du corps*, Paris 1968.
Butler J., *Das Unbehagen der Geschlechter*, Frankfurt a. M. 2003.
Dejours C., *Le corps d'abord*, Paris 2001
Descartes R., *Betrachtungen über die Grundlagen der Philosophie*, Leipzig 1956; *Von der Methode*, Hamburg 1960; *Über den Menschen*, Heidelberg 1969; *Die Leidenschaften der Seele*, Hamburg 1984.
Dolto F., *Das unbewusste Bild des Körpers*, Weinheim 1987.
Featherstone M., Hepworth M., Turner B. S. (Hrsg.), The Body. Social Process and Cultural Theory, London 1991.
Freud S., *Drei Abhandlungen zur Sexualtheorie*, Hamburg 2010; *Das Ich und das Es. Metapsychologische Schriften*, Frankfurt a. M. 2005; *Schriften über Liebe und Sexualität*, Frankfurt a. M. 1993.
Goddard J.-C., Labrune M., *Le corps*, Paris 1992.
Henry M., *Philosophie et phénoménologie du corps*, Paris 1965.
Ide P., *Le corps à cœur: essai sur le corps humain*, Versailles 1996.
Husserl, *Ideen zu einer reinen Phänomenologie und phänomenologischen Philosophie*, Halle 1913.
Jacquet C., *Le corps*, Paris 2001
Lacroix X., *Le corps de chair*, Paris 1992.
Le Breton D., *Anthropologie du corps et modernité*, Paris 1990; *Adieu au corps*, Paris 1999.
Levinas E., *Totalität und Unendlichkeit*, Freiburg (4) 2008
G. Marcel, *Sein und Haben*, Paderborn 1954
Marzano, *Penser le corps*, Paris 2002; *La pornographie ou l'épuisement du désir*, Paris 2003; *Je consens, donc je suis – Éthique de l'autonomie*, Paris 2006; *Dictionnaire du corps*, Paris 1999.

Merleau-Ponty M., *Die Phänomenologie der Wahrnehmung*, Berlin 1966; *Das Sichtbare und das Unsichtbare*, München 1994: *Das Auge und der Geist*, Hamburg 1984.

Nietzsche F., *Also sprach Zarathustra*, Frankfurt a.M. 2011

Platon, *Phaidon; Phaidros; Kratylos; Kriton; Gorgias; Der Staat; Nomoi; Das Gastmahl;Timeos;*, in: Platon, *Werke in acht Bänden griechisch und deutsch*, Darmstadt 1988.

Richir M., *Le corps*, Paris 1993.

Sartre J.-P., *Das Sein und das Nichts*, Reinbek 1991

Scruton R., *Sexual Desire*, London 1986.

Spinoza B., *Ethik*, Wiesbaden 2012.

Synott A., *The Body Social: Symbolism, Self and Society*, London 1993.

Turner B. S., *The Body and Society. Exploration in Social Theory*, Oxford 1996.

Weiss G., *Body Images*, London 1999.

Welton D. (Hrsg.), *Body and Flesh*, Oxford 1998.

Wendell S., *The Rejected Body*, London 1996.

Zaner R., *The Problem of Embodiment: Some Contribution to the Phenomenology of the Body*, La Haye 1964.

WELTENDEUTER IM PORTRÄT

Peter Sloterdijk porträtiert philosophische Temperamente von der Antike bis in das 20. Jahrhundert und öffnet damit einen neuen Zugang zu den Meisterdenkern des Abendlandes. Seine brillanten Toasts sind die perfekte philosophische Einstiegsdroge.

Peter Sloterdijk
PHILOSOPHISCHE TEMPERAMENTE
Von Platon bis Foucault
144 Seiten. Geb. mit Schutzumschlag.
ISBN 978-3-424-35016-6

ELIXIER DES GUTEN LEBENS

Von alltäglichem Kitsch und Klimbim eingelullt, vergessen wir nur zu leicht, was dem Leben Glanz verleiht. Allen Relativisten und Zynikern zum Trotz verteidigt der britische Philosoph Roger Scruton einen erhabenen Begriff von Schönheit. Denn in einer Zeit, die beinah alles dem Nutzwert unterordnet, wird einzig die Freude am Schönen zum Lebenselixier!

Roger Scruton
SCHÖNHEIT
Eine Ästhetik
272 Seiten. Geb. mit Schutzumschlag.
ISBN 978-3-424-35068-5

Diederichs